ENGLISH
in the office

Enaura T. Krieck De Biaggi
Emeri De Biaggi Stavale

ENGLISH
in the office

1ª reimpressão

DISAL EDITORA

Edição de texto
Mário Vilela

Revisão final
Paulo Nascimento Verano

Capa e projeto gráfico
Emeri De Biaggi Stavale

Editoração eletrônica
Emeri De Biaggi Stavale

Gravação do CD
voz feminina
Ana Leticia Lycarião
voz masculina
Rafael Campos

Gravação e Mixagem
Estúdio Plug and Play

Dados Internacionais de Catalogação na Publicação (CIP)
(Câmara Brasileira do Livro, SP, Brasil)

De Biaggi, Enaura T. Krieck
English in the office / Enaura T. Krieck De Biaggi, Emeri De Biaggi Stavale - São Paulo: Disal, 2005.

Bibliografia.
ISBN 978-85-89533-67-6

1. Inglês comercial I. Stavale, Emeri De Biaggi. II. Título.

05-2397 CDD-808.0666502

Índices para catálogo sistemático:
1. Inglês comercial 808.0666502

DISAL EDITORA

Al. Mamoré, 911 - Sala 107, Alphaville
06454-040, Barueri, SP
Tel./Fax: 55 11 4195-2811
Visite nosso site: www.disaleditora.com.br

Vendas:
Televendas: (11) 3226-3111
Fax gratuito: 0800 7707 105/106
E-mail para pedidos: comercialdisal@disal.com.br

SUMÁRIO GERAL

SUMÁRIO DETALHADO

APRESENTAÇÃO

Para você, que é profissional ou estudante da área de negócios, apresentamos com muita satisfação uma ferramenta que consideramos de suma importância para sua comunicação no idioma inglês.

A globalização se faz presente mais do que nunca nas empresas. O mundo dos negócios apresenta mudanças cada vez mais rápidas e exige uma comunicação em termos globais, sempre mais segura e eficaz. Empresas de todo o mundo negociam e fazem transações em inglês. Dificilmente os profissionais dessa área poderão se eximir de uma situação em que precisem usar o inglês. Para ser um profissional competitivo no mercado de hoje, você precisa dominar o idioma na sua área de atuação. No contato com o cliente estrangeiro, os executivos e homens de negócios em visita ao país, é imprescindível uma comunicação clara e eficaz, com o objetivo de recebê-los de forma adequada. Além disso, existem inúmeras situações de comunicação com o exterior, através de telefonemas, reservas de hotéis, conferências e congressos, troca de correspondência, negociações e pedidos.

O **English in the Office** foi desenvolvido visando dar uma base sólida para as várias solicitações e situações práticas do dia-a-dia. Mesmo as pessoas com pouco ou nenhum conhecimento de inglês terão oportunidade de expressar-se nas circunstâncias próprias de sua área de atuação. O livro vai ajudá-lo a aprender uma grande variedade de habilidades de comunicação (negociações, reuniões, chamadas telefônicas) e usá-las com confiança e correção, além de apresentar vários modelos para a comunicação escrita (fax, e-mail, memorandos, mensagens, cartas, currículos etc.).

O livro se destina também aos profissionais que já têm uma base de inglês, mas que, independentemente do nível de proficiência, desejam melhorá-la e aumentar sua chances de promoção. Há sempre alguma expressão ou termo a aprender ou lembrar.

Procuramos levar em consideração as principais situações que podem ocorrer desde a recepção ao cliente estrangeiro, orientação e apoio às suas necessidades em nosso país e a linguagem básica necessária para a comunicação escrita e verbal com eles.

Os tópicos focalizados se destinam a funcionários de escritórios de comércio exterior:

- diretores
- gerentes
- secretárias
- assistentes pessoais
- recepcionistas
- telefonistas
- estudantes da área

Destinado a profissionais e estudantes
da área de comércio e negócios,
English in the Office contém
22 capítulos práticos e objetivos,
ideais para quem necessita do inglês
em sua comunicação diária.

1 DANDO AS BOAS-VINDAS AOS CLIENTES
2 IDENTIFICANDO PESSOAS
3 O ESCRITÓRIO
4 FALANDO SOBRE OBJETOS
5 PERFIS DE UMA EMPRESA
6 LIDANDO COM NÚMEROS
7 DIZENDO AS HORAS
8 SERVIÇOS PESSOAIS
9 SERVIÇOS TELEFÔNICOS
10 LIDANDO COM CIFRAS
11 COMUNICAÇÕES
12 PLANEJANDO EVENTOS
13 AÇÕES NO FUTURO
14 DESCREVENDO PRODUTOS
15 LIDANDO COM PEDIDOS
16 LIDANDO COM CLIENTES
17 SERVIÇOS ESPECIAIS
18 SERVIÇOS ESPECIAIS II
19 AÇÕES NO PASSADO
20 DETALHES PESSOAIS
21 OBTENDO UM EMPREGO
22 ENTRETENDO CLIENTES

ACOMPANHA 1 CD EXCLUSIVO

1 WELCOMING CLIENTS
DANDO AS BOAS-VINDAS AOS CLIENTES

GREETINGS Cumprimentos

Quando você quiser cumprimentar alguém em inglês, será bom saber que os cumprimentos variam de acordo com o período do dia:

Good morning! *(Bom dia!)*
Good afternoon! *(Boa tarde!)*

Para o começo da noite, o cumprimento é:

Good evening! *(Boa noite!)*

Na hora de dormir ou nas despedidas à noite, é comum dizer:

Good night! *(Boa noite!)*

Em ocasiões formais, você pode despedir-se dizendo:

Goodbye! *(Até logo!)*

Nas despedidas informais, a forma mais usada é:

Bye, bye! See you! *(Tchau! Até breve!)*

TITLES/ADDRESSING PEOPLE Títulos/Formas de tratamento

Em inglês formal, o adulto é sempre chamado pelo sobrenome, precedido de:

Mr. *(senhor)*
Mrs. *(senhora)*
Miss *(senhorita)*
Ms. *(mulheres de estado civil desconhecido)*

Exemplos:

Mr. Johnson, **Mrs.** White, **Miss** Merlot, **Ms.** Black

Quando você se dirige formalmente às pessoas, sem chamá-las pelo nome, as formas usadas são:

sir *(senhor)*
madam *(senhora)*
miss *(senhorita)*

Exemplos:

Please, **sir**. *(Por favor, senhor.)*
Yes, **madam**. *(Sim, senhora.)*
No, **miss**. *(Não, senhorita.)*

TIP TIME

Só use **Doctor** antes do sobrenome de pessoas que têm mesmo o título de doutor.

◆ WELCOMING CLIENTS — Dando as boas-vindas aos clientes

É importante que os clientes sintam-se bem-vindos quando chegam ao escritório ou local de trabalho. Para que isso aconteça, você deve recebê-los dizendo:

Welcome, sir/madam. *(Bem-vindo, senhor/senhora.)*

❖ Exemplos:

Good evening. **Welcome**, sir. *(Boa noite. Bem-vindo, senhor.)*

Good afternoon. **Welcome**, madam. *(Boa tarde. Bem-vinda, senhora.)*

Quando o cliente está retornando ao estabelecimento, é simpático dizer:

It's good to see you again, sir. *(É bom vê-lo novamente, senhor.)*

◆ INTRODUCTIONS — Apresentações

◆ FORMAL INTRODUCTIONS — Apresentações formais

Há dois tipos de apresentação: a formal e a informal. Na apresentação formal, o mais comum é usar a expressão:

How do you do? *(Como vai?)*

Para responder a essa pergunta, você deve repetir a mesma frase, dizendo:

How do you do. *(Como vai?)*

❖ Exemplos:

How do you do, **sir?** *(Como vai, senhor?)*

How do you do. *(Como vai?)*

◆ INFORMAL INTRODUCTIONS — Apresentações informais

Nas apresentações informais, as saudações mais comuns são:

Hi! *(Oi!)* ou Hello! *(Olá!)*

Para saber o nome da outra pessoa, você deve dizer:

What's your name? *(Qual é o seu nome?)*

Em seguida, a resposta para essa pergunta será:

My name is... *(Meu nome é...)*

Ao apresentar se informalmente, você também pode dizer:

Nice to meet you. *(Prazer em conhecê-lo/la.)*

A outra pessoa irá responder dizendo:

Nice to meet you, too. *(Prazer em conhecê-lo/la também.)*

Há ainda outras perguntas que podem ser feitas:

How are you? *(Como vai você?)*

How are you doing? *(Como tem passado?)*

I'm fine, thanks. *(Estou bem, obrigado/obrigada.)*

DIÁLOGO PRÁTICO

A Hi!
B Hello!
A My name is Roberto. What's your name?
B My name is Maria.
A Nice to meet you, Maria.
B Nice to meet you, too.

POSSESSIVES Possessivos

Uma das maneiras de indicar que alguma coisa pertence a alguém é usando os adjetivos possessivos.

my *(meu, minha, meus, minhas)*
your *(seu, sua, seus, suas)*
his *(dele)*
her *(dela)*
its *(dele, dela)* (usado para animais e objetos)
our *(nosso, nossa, nossos, nossas)*
your *(seus, suas)*
their *(deles, delas)*

Exemplos:
What's **your** name? *(Qual é o seu nome?)*
My name is Marta. *(Meu nome é Marta.)*
What's **his** name? *(Qual é o nome dele?)*
His name is George. *(O nome dele é George.)*

TIP TIME

Em inglês, os adjetivos possessivos vêm sempre antes da coisa possuída:
my room *(minha sala)*
your key *(sua chave)*
her handbag *(a bolsa dela)*
their computers *(os computadores deles)*

Outra maneira de indicar a posse é colocar o nome da pessoa seguido de **'s** e, depois, o objeto possuído.

Exemplos:
Pedro**'s** cell phone. *(O celular do Pedro.)*
Anna**'s** pen. *(A caneta de Anna.)*
Mr. Hill**'s** suitcase. *(A mala do sr. Hill.)*
Mrs. Black**'s** office. *(O escritório da sra. Black.)*

COUNTRIES AND NATIONALITIES Países e nacionalidades

Veja no quadro abaixo alguns países e as respectivas nacionalidades. No Banco de Palavras, no final do livro, você encontrará nomes de outros países e nacionalidades.

Brazil *(Brasil)*	Brazilian *(brasileiro/a)*
France *(França)*	French *(francês/esa)*
Germany *(Alemanha)*	German *(alemão/ã)*
Italy *(Itália)*	Italian *(italiano/a)*
Japan *(Japão)*	Japanese *(japonês/esa)*
Portugal *(Portugal)*	Portuguese *(português/esa)*
Spain *(Espanha)*	Spanish *(espanhol/a)*
The Unites States *(Estados Unidos)*	American *(americano/a)*

Para falar sobre nacionalidades, as expressões usadas são:

Where are you from? *(De onde você é?)*
I'm from Brazil. *(Eu sou do Brasil.)*
I'm Brazilian. *(Eu sou brasileiro/brasileira.)*

TIP TIME Em inglês, as nacionalidades sempre se escrevem com inicial maiúscula.

THE ALPHABET O alfabeto

O alfabeto inglês tem as mesmas letras do alfabeto português e ainda as letras K, W e Y. Veja a seguir a pronúncia do alfabeto inglês.

A	B	C	D	E	F	G	H	I	J	K	L	M
ei	bi	ci	di	i	éf	dgi	eitch	ai	djei	kei	él	ém
N	**O**	**P**	**Q**	**R**	**S**	**T**	**U**	**V**	**W**	**X**	**Y**	**Z**
én	ou	pi	kiu	ar	és	ti	iu	vi	dabliu	éks	uai	zi

SPELLING Soletrando

Você pode pedir a uma pessoa que soletre o próprio nome dizendo:

Please spell your name. *(Por favor, soletre o seu nome.)*
Spell your first name. *(Soletre o seu primeiro nome.)*
Spell your last name, please. *(Soletre o seu sobrenome, por favor.)*

Para soletrar duas letras iguais juntas, você deve dizer a palavra double seguida da letra que se repete.

Exemplos:

bb = **double b**, mm = **double m**, ll = **double l**, rr = **double r**

✓ CHECK YOUR PROGRESS Avalie o seu aprendizado

Complete os exercícios abaixo para avaliar o seu aprendizado. As respostas encontram-se no final do livro, no Guia de Respostas.

1. Escreva em inglês:
    a. Boa tarde! ---> Good afternoon!
    b. Boa noite! ---> ______
    c. Como vai você? ---> ______
    d. Bem-vindo! ---> ______
    e. Obrigado! ---> ______
    f. Prazer em conhecê-lo. ---> ______

2. Escreva a forma correta de tratamento Mr., Mrs., Miss ou Ms.:
    a. Rick Martin ---> Mr. Martin
    b. Mary Roberts (casada) ---> ______
    c. Andrew Stallone ---> ______
    d. Julianne Lopez (solteira) ---> ______
    e. Beth Cardoso (estado civil desconhecido) ---> ______

3. Reescreva as frases em inglês:
    a. Meu nome é José. ---> My name is José.
    b. Qual é o seu nome? ---> ______
    c. O nome dele é Roberto. ---> ______
    d. O nome dela é Laura. ---> ______
    e. Qual é o nome dela? ---> ______

4. Complete o diálogo com as palavras do quadro abaixo:

you	fine	morning	thanks

A: Good ______, sir.
B: Good morning. How are ______?
A: Fine, ______. And how are you?
B: ______, thanks.

EXPRESSÃO ÚTIL

Pleased to meet you!
(Prazer em conhecê-lo/la!)

2 IDENTIFYING PEOPLE

IDENTIFICANDO PESSOAS

IDENTIFYING PEOPLE Identificando pessoas

Em inglês, as pessoas costumam identificar-se dizendo o nome,

I am Pedro Lima. *(Eu sou Pedro Lima.)*

ou a forma abreviada,

I'm Pedro Lima. *(Eu sou Pedro Lima.)*

A forma **I am** ou **I'm** pertence ao verbo **to be** *(ser ou estar)*, que você verá a seguir. Antes, é fundamental conhecer os pronomes pessoais do caso reto:

I *(eu)*
you *(você)*
he *(ele)*
she *(ela)*
it *(ele/ela; indica animais ou objetos)*
we *(nós)*
you *(vocês)*
they *(eles ou elas)*

TIP TIME

I *(eu)* é sempre escrito com letra maiúscula.

VERB TO BE Verbo to be

O verbo **to be** pode gerar um pouco de confusão por ter dois significados: ser e estar. Aprenda primeiro como usá-lo na forma afirmativa:

I am *(Eu sou/estou)*
You are *(Você é/está)*
He is *(Ele é/está)*
She is *(Ela é/está)*
It is *(Ele/Ela é/está)*
We are *(Nós somos/estamos)*
You are *(Vocês são/estão)*
They are *(Eles ou Elas são/estão)*

TIP TIME

I am = I'm
you are = you're
he is = he's
she is = she's
it is = it's
we are = we're
you are = you're
they are = they're

Exemplos:

I **am** a secretary. *(Eu sou secretária.)*
She **is** a receptionist. *(Ela é recepcionista.)*
They **are** managers. *(Eles são gerentes.)*

Para construir uma frase negativa, você deve acrescentar a palavra **not** após a flexão do verbo **to be**:

I am not *(Eu não sou/estou)*
You are not *(Você não é/está)*
He is not *(Ele não é/está)*
She is not *(Ela não é/está)*
It is not *(Ele/Ela não é/está)*
We are not *(Nós não somos/estamos)*
You are not *(Vocês não são/estão)*
They are not *(Eles/elas não são/estão)*

TIP TIME

I am not = I'm not
you are not = you aren't
he is not = he isn't
she is not = she isn't
it is not = it isn't
we are not = we aren't
you are not = you aren't
they are not = they aren't

Exemplos:

I am not a secretary. *(Eu não sou secretária.)*
She is not a receptionist. *(Ela não é recepcionista.)*
They are not managers. *(Eles não são gerentes.)*

Para fazer perguntas, o verbo **to be** vai para o início da frase. Veja no quadro:

Am I? *(Eu sou/estou?)*
Are you? *(Você é/está?)*
Is he? *(Ele é/está?)*
Is she? *(Ela é/está?)*
Is it? *(Ele/Ela é/está?)*
Are we? *(Nós somos/estamos?)*
Are you? *(Vocês são/estão?)*
Are they? *(Eles/Elas são/estão?)*

TIP TIME

Em inglês, o uso do artigo indefinido **a/an** é indispensável antes do nome de uma profissão, por exemplo – o que não ocorre no português, idioma no qual o uso desse artigo pode ser redundante.

Exemplos:

Am I a secretary? *(Eu sou secretária?)*
Is she a receptionist? *(Ela é recepcionista?)*
Are they managers? *(Eles são gerentes?)*

WHO? Quem?

Se você quiser saber quem é uma pessoa, a pergunta deverá ser feita usando a expressão Who...?
Lembre-se de que, na pergunta, o verbo **to be** virá antes do pronome.

Exemplos:

Who are you? *(Quem é você?)*
Who is he? *(Quem é ele?)*
Who are they? *(Quem são eles/elas?)*

FAMILY MEMBERS — Membros da família

Conheça os principais membros de uma família:

father *(pai)*
mother *(mãe)*
brother *(irmão)*
sister *(irmã)*
son *(filho)*
daughter *(filha)*
husband *(marido)*
wife *(esposa)*
father-in-law *(sogro)*
mother-in-law *(sogra)*
brother-in-law *(cunhado)*
sister-in-law *(cunhada)*
son-in-law *(genro)*
daughter-in-law *(nora)*
grandfather *(avô)*
grandmother *(avó)*
granddaughter *(neta)*
grandson *(neto)*
cousin *(primo/prima)*

SHORT ANSWERS — Respostas curtas

Quando não quiser dar respostas completas, você poderá usar respostas curtas, dizendo apenas **yes** *(sim)* ou **no** *(não)* mais o verbo **to be**:

Are you German? *(Você é alemão?)*
Yes, I am. *(Sim, sou.)* ou No, I'm not. *(Não, não sou.)*
Is Peter your brother? *(Peter é o seu irmão?)*
Yes, he is. *(Sim, é.)* ou No, he isn't. *(Não, não é.)*
Are they American? *(Eles são americanos?)*
Yes, they are. *(Sim, são.)* ou No, they aren't. *(Não, não são.)*

COMPANY ORGANIZATION — Organização da empresa

PROFESSIONS — Profissões

Quando você quiser falar de pessoas que trabalham num escritório ou consultório, será importante distinguir duas coisas: **professions** *(profissões)* e **posts** *(cargos)*. No primeiro caso, você estará referindo-se de modo genérico à profissão da pessoa; no segundo, ao cargo que a pessoa ocupa numa empresa ou organização.
Para saber qual é a profissão de uma pessoa, você pode usar uma das perguntas abaixo:

What's your job? *(Qual é o seu trabalho?)*
What's your profession? *(Qual é a sua profissão?)*
I'm a... *(Eu sou...)*

Exemplos:

What's your job? *(Qual é o seu trabalho?)*
I'm a telephone operator. *(Eu sou telefonista.)*
What's her profession? *(Qual é a profissão dela?)*
She is a secretary. *(Ela é secretária.)*

No quadro abaixo, veja algumas profissões que ocorrem num escritório ou que estão relacionadas aos serviços que estes podem prestar. Outras profissões poderão ser encontradas no Banco de Palavras.

accountant *(contador)*
architect *(arquiteto)*
businessman *(homem de negócios)*
dentist *(dentista)*
doctor *(médico)*
economist *(economista)*
engineer *(engenheiro)*
lawyer *(advogado)*
receptionist *(recepcionista)*
secretary *(secretária)*
technician *(técnico)*
telephone operator *(telefonista)*

POSITIONS Cargos

Conheça os principais cargos de uma empresa. Uma listagem mais completa poderá ser encontrada no Banco de Palavras.

assistant *(assistente)*
boss *(chefe)*
CEO (chief executive officer) *(diretor-presidente)*
director *(diretor)*
executive director *(diretor executivo)*
finance director *(diretor financeiro)*
general manager *(gerente-geral)*
manager *(gerente)*
managing director *(diretor-gerente)*
partner *(sócio)*
president *(presidente)*
supervisor *(supervisor)*
vice director *(vice-diretor)*
vice president *(vice-presidente)*

Para saber qual o cargo de uma pessoa numa organização, as perguntas e respostas deverão ser do tipo:

What's your position? *(Qual é o seu cargo?)*
I am a director personal assistant. *(Sou assistente pessoal do diretor.)*
What's his position? *(Qual é o cargo dele?)*
He is a personnel manager. *(Ele é gerente de recursos humanos.)*

A palavra staff indica não só o pessoal que faz parte de uma empresa ou organização, mas também os profissionais que integram os diferentes setores dela.

Exemplos:

administrative **staff** *(pessoal da administração)*
accounts **staff** *(pessoal da contabilidade)*
sales **staff** *(pessoal de vendas)*

✓ CHECK YOUR PROGRESS — Avalie o seu aprendizado

Complete os exercícios abaixo para avaliar o seu aprendizado. As respostas encontram-se no final do livro, no Guia de Respostas.

1. Escreva em inglês:
   - a. Eu sou brasileiro. → ______________________
   - b. Ele é italiano. → ______________________
   - c. Você é espanhol. → ______________________
   - d. Ela é americana. → ______________________
   - e. Quem são vocês? → ______________________
   - f. Ela não é telefonista. → ______________________
   - g. Você é gerente de vendas? → ______________________
   - h. Nós não somos contadores. → ______________________
   - i. Eles são engenheiros? → ______________________
   - j. Vocês são advogados. → ______________________

2. Encontre os nomes de dez países e escreva-os nas linhas abaixo.

M	Z	R	G	K	N	T	I	N	C	P
E	T	E	E	B	G	I	T	V	U	O
X	B	F	R	V	S	P	A	I	N	R
I	R	E	M	Y	C	D	L	B	I	T
C	A	N	A	D	A	R	Y	C	T	U
O	Z	G	N	A	U	D	E	H	E	G
I	I	L	Y	N	R	Y	G	P	D	A
Z	L	A	T	J	A	P	A	N	S	L
V	R	N	F	I	N	U	T	A	T	H
E	J	D	Y	R	U	S	K	I	A	N
R	C	O	J	L	A	N	D	T	T	A
B	U	Y	A	F	R	A	N	C	E	B
E	R	D	F	N	G	T	R	A	S	R

Canada
____
____
____
____
____
____
____
____
____
____
____

EXPRESSÃO ÚTIL

Have a nice day!
(Tenha um bom dia!)

3 THE OFFICE
O ESCRITÓRIO

KINDS OF OFFICES AND SERVICES Tipos de escritório e de serviço

No quadro abaixo, arrolam-se alguns tipos de escritório, de acordo com a finalidade deles. Outros tipos poderão ser encontrados no Banco de Palavras.

accountancy services *(serviços de contabilidade)*
advertising & marketing agency *(agência de propaganda e marketing)*
administrative services *(serviços administrativos)*
banking *(serviços bancários)*
dentist's office *(consultório dentário)*
doctor's office *(consultório médico)*
virtual office *(escritório virtual)*

THE WORKPLACE O local de trabalho

Um escritório ou local de trabalho consta de várias salas ou setores, que variam de acordo com o negócio ou atividade a que se destinam. Veja alguns exemplos:

conference room *(sala de conferências)*
director's office *(escritório do diretor)*
general office *(escritório central)*
head office *(sede/matriz)*
headquarters *(escritório central de uma organização)*
kitchen facilities *(instalações de cozinha)*
meeting room *(sala de reuniões)*
reception *(recepção)*
restrooms *(sanitários)*
storage room *(depósito)*

DEPARTMENTS Departamentos

Conheça os nomes dos principais departamentos de uma empresa:

dispatch department *(expedição)*
distribution department *(departamento de distribuição)*
export department *(departamento de exportação)*
financial department *(departamento financeiro)*
legal department *(departamento jurídico)*

personnel management/human resources *(administração de pessoal/recursos humanos)*
production department *(departamento de produção)*
purchasing department *(departamento de compras)*
quality control department *(departamento de controle de qualidade)*
research & development department *(departamento de pesquisa e desenvolvimento)*
sales department *(departamento de vendas)*

GIVING INDOORS DIRECTIONS — Dando orientações internas

Qualquer tipo de informação deverá ser solicitado de maneira educada. Portanto, ao abordar uma pessoa estranha, é necessário usar a expressão:

Excuse me, sir/madam... *(Com licença, senhor/senhora...)*

Se alguém precisar de uma orientação interna sobre alguma localização no escritório, ele usará uma das perguntas:

Excuse me, where is the...? *(Com licença, onde fica/está o/a...?)*
Excuse me, where are the...? *(Com licença, onde ficam/estão os/as...?)*

Exemplos:

Excuse me, sir. Where is the food court? *(Com licença, senhor. Onde fica a praça de alimentação?)*
Excuse me, madam. Where are the restrooms? *(Com licença, senhora. Onde ficam os sanitários?)*

Conheça algumas palavras usadas para indicar as posições das coisas:

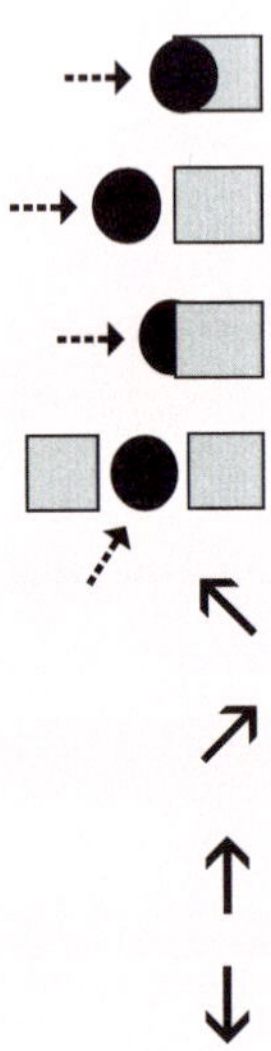

in front of *(na frente de)*
next to *(ao lado de)*
behind *(atrás de)*
between *(entre)*
left *(à esquerda)*
right *(à direita)*
up *(para cima)*
down *(para baixo)*

TIP TIME

Lembre-se de que, antes do nome de um objeto inanimado em inglês, você pode ter de colocar a palavra **the**, que serve tanto para o masculino como para o feminino e tanto para o singular como para o plural.
Exemplos:
the book, **the** books
(o livro, os livros)
the table, **the** tables
(a mesa, as mesas)

TIP TIME

upstairs *(no andar de cima)*
downstairs *(no andar de baixo)*

Para dar orientações, é importante que você conheça estas expressões:

Pass the... *(Passe pelo/pela...)*
Turn right/left. *(Vire à direita/esquerda.)*
Go down... *(Siga pelo/pela...)*
It's on the right/left. *(Fica à direita/esquerda.)*
It's behind the... *(Fica atrás do/da/dos/das...)*
It's in front of... *(Fica na frente do/da/dos/das...)*
It's between the... and the... *(Fica entre o/a/os/as...)*
It's after the... *(Fica depois do/da/dos/das...)*
It's on the first floor. *(Fica no primeiro andar.)*

❖ Exemplos:

Go down the corridor and turn left. *(Siga pelo corredor e vire à esquerda.)*
Pass the reception and turn right. *(Passe pela recepção e vire à direita.)*
The director's office **is between** the reception and the meeting room. *(O escritório do diretor fica entre a recepção e a sala de reuniões.)*
The fitness center is **on the third floor.** *(A academia de ginástica fica no terceiro andar.)*

THE BUSINESS CENTER O centro de negócios

Os modernos centros de negócios oferecem sempre mais facilidades e conforto a seus freqüentadores. É importante que você saiba dizer em inglês quais as partes principais do centro empresarial ou do edifício comercial onde trabalha. Veja agora o vocabulário básico relativo a esse tópico. Outros termos poderão ser encontrados no Banco de Palavras.

administrative center *(centro administrativo)*
auditorium *(auditório)*
conference/convention center *(centro de conferências/convenções)*
elevators hall *(vestíbulo de elevadores)*
fitness center *(academia de ginástica)*
food court *(praça de alimentação)*
heliport *(heliponto)*
main entrance *(entrada principal)*
offices *(escritórios/consultórios)*
parking *(estacionamento)*
restrooms *(sanitários)*
stores *(lojas)*
underground parking *(estacionamento subterrâneo)*

TIP TIME

Os edifícios modernos utilizam vários instrumentos para garantir a segurança e o bem-estar dos seus freqüentadores. Eis alguns dos principais:

electronic identification card *(crachá/cartão eletrônico)*
alarm system *(sistema de alarme)*
fire detection and alarm *(detector e alarme de incêndio)*
video surveillance *(vigilância por vídeo)*
temperature control *(controle de temperatura)*

THERE IS/THERE ARE Existe/existem/há

A palavra **there** seguida de **is** ou **are** é muito usada para dizer que alguma coisa existe. Você pode empregar essa expressão para responder às perguntas sobre os serviços que a empresa oferece, ou sobre os serviços disponíveis nas imediações do escritório.

Quando referir-se a apenas uma coisa, use **there is** *(há/existe)*. Mas, se estiver falando sobre mais de uma coisa, você deverá usar **there are** *(há/existem)*:

> **There is** a coffee shop in the food court. *(Há uma cafeteria na praça de alimentação.)*
> **There are** two banks in the building. *(Há dois bancos no prédio.)*

Para perguntar se existe algo em algum lugar, coloca-se o verbo **is** ou **are** no começo da oração. Veja exemplos de perguntas e respostas:

> **Is there** a fitness center here? *(Há uma academia de ginástica aqui?)*
> Yes, there is. *(Sim, há.)*
> **Are there** meeting rooms? *(Há salas de reuniões?)*
> Yes, there are. (Sim, há.)

Para dizer que não existe algo, acrescenta-se **not** depois de **is** ou **are**, ficando **there is not** (ou **there isn't**) e **there are not** (ou **there aren't**). As formas abreviadas são mais utilizadas na conversação.

> **There isn't** video conferencing today. *(Não há videoconferência hoje.)*
> **There aren't** escalators in this building. *(Não há escadas rolantes nesse prédio.)*

DIÁLOGO PRÁTICO

A Is there an auditorium here?
B Yes, there is. There is a very good conference room, too.
A Are there workstations?
B Yes, there are three workstations, sir.
A Is there a heliport in this building?
B No, there isn't.

✓ CHECK YOUR PROGRESS   Avalie o seu aprendizado

1. Procure no caça-palavras o nome de oito salas de um local de trabalho e escreva-os nas linhas abaixo.

C	O	N	F	E	R	E	N	C	E	R	O	O	M	X	W
D	E	K	B	H	E	A	D	O	F	F	I	C	E	V	R
E	D	I	R	E	C	T	O	R	S	O	F	F	I	C	E
P	U	M	Y	C	E	L	B	I	T	C	S	V	W	Z	S
O	G	A	D	A	P	Y	C	T	U	K	Y	N	E	A	T
S	O	M	E	E	T	I	N	G	R	O	O	M	Z	G	R
I	L	Y	N	R	I	G	P	D	A	Z	W	A	O	R	O
T	H	E	S	T	O	R	A	G	E	R	O	O	M	J	O
M	R	N	F	I	N	N	T	A	T	H	B	V	C	X	M

_______________ _______________ _______________

_______________ _______________ _______________

_______________ _______________

2. Ligue as perguntas às respostas corretas.

a. Who is he?
b. Is Jane a receptionist?
c. How are you?
d. What's your job?
e. Where's the meeting room?
f. How do you do?
g. Is there a heliport here?
h. What's her post?

a. It's in front of the director's office.
b. I'm a financial director.
c. He's my husband.
d. She's a personal assistant.
e. Yes, there is.
f. I'm fine, thanks.
g. No, she isn't.
h. How do you do.

3. Escreva em inglês:

a. entrada principal ---→ _______________
b. centro administrativo ---→ _______________
c. academia de ginástica ---→ _______________
d. praça de alimentação ---→ _______________
e. centro de convenções ---→ _______________

EXPRESSÃO ÚTIL

May I help you?
(Posso ajudá-lo/la?)

4 TALKING ABOUT OBJECTS

FALANDO SOBRE OBJETOS

RECEPTION OBJECTS Objetos da recepção

Vários objetos e móveis podem ser encontrados na recepção de um escritório. Como os clientes podem referir-se a eles ou precisar utilizá-los, é importante que você conheça seus nomes em inglês. Para facilitar, eles serão divididos em office supplies *(suprimentos de escritório)*, furniture *(móveis)* e equipments and machines *(equipamentos e máquinas)*. Os demais podem ser encontrados no Banco de Palavras.

OFFICE SUPPLIES Suprimentos de escritório

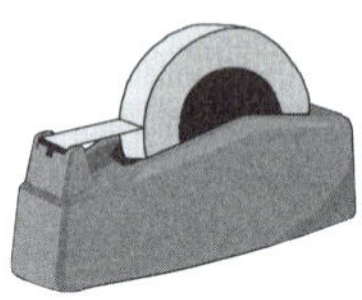

adhesive tape *(fita adesiva)*
brochures *(folhetos)*
business card *(cartão de visita)*
calendar *(calendário)*
diary *(agenda)*
envelope *(envelope)*
eraser *(borracha)*
file *(arquivo)*
letter opener *(abridor de cartas)*
notepad *(bloco de anotações)*
paper *(papel)*
paper clips *(clipes de papel)*
pen *(caneta)*
pencil *(lápis)*
scissors *(tesoura)*
stapler *(grampeador)*

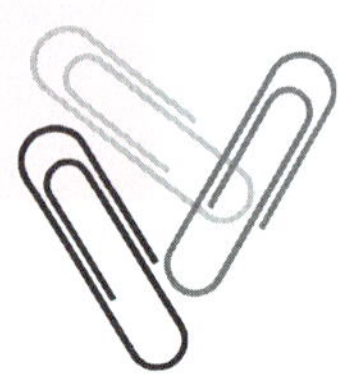

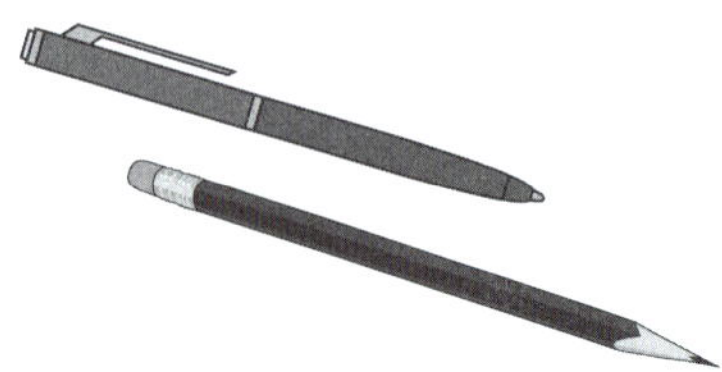

FURNITURE Móveis

chair *(cadeira)*
counter *(balcão)*
desk *(escrivaninha)*
filing cabinet *(fichário)*
shelf *(prateleira)*
sofa *(sofá)*
swivel chair *(cadeira giratória)*
table *(mesa)*

EQUIPMENTS AND MACHINES — Equipamentos e máquinas

calculator *(calculadora)*
computer *(computador)*
cordless phone *(telefone sem fio)*
credit card machine *(máquina de cartões de crédito)*
electronic typewriter *(máquina de escrever eletrônica)*
fax machine *(fax)*
OHP overhead projector *(retroprojetor)*
photocopier *(foto copiadora)*
printer *(impressora)*
security camera *(câmera de segurança)*
telephone *(telefone)*

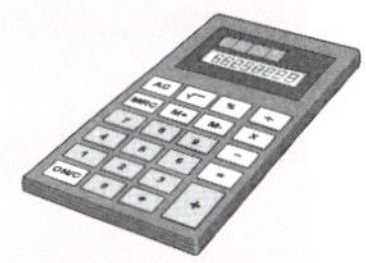

Agora, conheça algumas palavras relacionadas aos principais itens de equipamento de um escritório:

PARTS OF A COMPUTER
(PARTES DE UM COMPUTADOR)
tower *(torre)*
monitor *(monitor)*
mouse *(mouse)*
mouse pad *(almofada de mouse/mouse pad)*
keyboard *(teclado)*
speakers *(alto-falantes)*
disk drive *(unidade de disco/disk drive)*

PARTS OF A COMPUTER PRINTER
(PARTES DE UMA IMPRESSORA DE COMPUTADOR)
printer *(impressora)*
printer ribbon *(fita de impressora)*
ink cartridge *(cartucho de tinta)*
laser toner cartridge *(cartucho de toner a leiser)*

PARTS OF A FAX MACHINE
(PARTES DE UM APARELHO DE FAX)
telephone set *(aparelho de telefone)*
keys *(teclas)*
fax roll *(papel de fax)*
ink cartridge *(cartucho de tinta)*

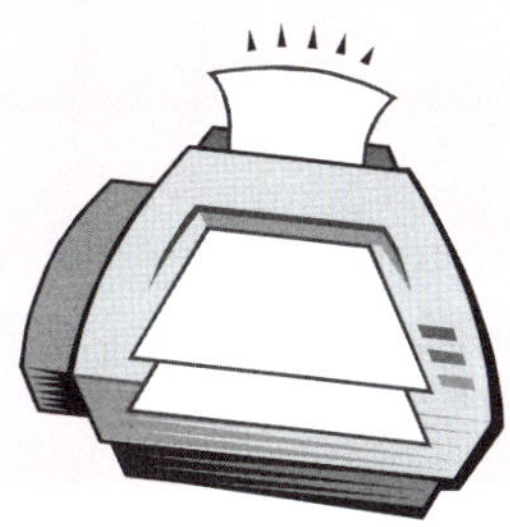

ASKING ABOUT OBJECTS — Perguntando sobre objetos

Para perguntar e responder o que é uma coisa, você pode usar estas expressões:

What's this? *(O que é isso?)*
This is... *(Isso é...)* ou It's... *(É...)*

Exemplos:

What's this? *(O que é isso?)*
This is a calculator. *(Isso é uma calculadora.)*
It's a calculator. *(É uma calculadora.)*

What's this? *(O que é isso?)*
This is a pencil. *(Isso é um lápis.)*
It's a pencil. *(É um lápis.)*

Você pode referir-se a um ou vários objetos usando antes do objeto o artigo **the** *(o, a, os, as)*, que serve tanto para as palavras masculinas como para as femininas, quer no singular, quer no plural.

Exemplos:

the computer *(o computador)*, **the** computers *(os computadores)*
the chair *(a cadeira)*, **the** chairs *(as cadeiras)*

TIP TIME

De modo geral, ao usar o artigo indefinido, você deve usar **a** *(um, uma)* antes de palavras que começam com consoante e **an** *(um, uma)* antes de palavras que começam com vogal. Alguns exemplos: **a** table *(uma mesa)*, **a** pencil *(um lápis)*, **an** envelope *(um envelope)*, **an** ashtray *(um cinzeiro)*.

Quando você quiser saber sobre mais de um objeto, a pergunta e as respostas deverão ser diferentes:

What are these? *(O que são esses/essas?)*
These are... *(Esses/Essas são...)* ou They are... *(São...)*

Exemplos:

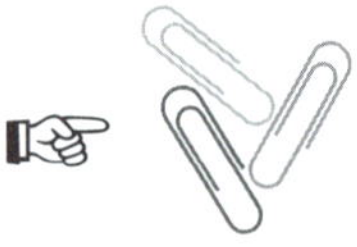

What are these? *(O que são esses?)*
These are paper clips. *(Esses são clipes.)*
They are paper clips. *(São clipes.)*

What are these? *(O que são essas?)*
These are chairs. *(Essas são cadeiras.)*
They are chairs. *(São cadeiras.)*

DIÁLOGO PRÁTICO

A Excuse me, what's this?
B It's a photocopier.
A And what are these?
B They are fax machines, sir.
A OK, thank you.
B You're welcome.

Quando quiser saber o que é um objeto que está longe de você, a pergunta e a resposta deverão ser:

What's that? *(O que é aquilo?)*
That is... *(Aquilo é...)*

❖ Exemplos:

What's that? *(O que é aquilo?)*
That's a filing cabinet. *(Aquilo é um fichário.)*

What's that? *(O que é aquilo?)*
That's a keyboard. *(Aquilo é um teclado.)*

Para saber o que são vários objetos que estão distantes, você deve perguntar:

What are those? *(O que são aqueles/aquelas?)*
Those are... *(Aqueles/aquelas são...)*
They are... *(São...)*

❖ Exemplos:

What are those? *(O que são aquelas?)*
Those are pens. *(Aquelas são canetas.)*
They are pens. *(São canetas.)*

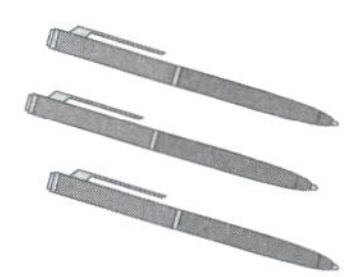

What are those? *(O que são aqueles?)*
Those are notepads. *(Aqueles são blocos de anotações.)*
They are notepads. *(São blocos de anotações.)*

DIÁLOGO PRÁTICO

A Excuse me, what's that?
B That's a pencil, sir.
A Are those pencils, too?
B No, sir. They're pens.
A Can I have one?
B Sure. Here you are, sir.

✓ CHECK YOUR PROGRESS Avalie o seu aprendizado

1. Olhe para as figuras e responda às perguntas usando **this**, **that** ou **those**.

   a. What's this? ☞  ______________________________

   b. What are those? ☞  ______________________________

   c. What's that? ☞  ______________________________

   d. What's this? ☞  ______________________________

2. Complete com objetos em inglês.

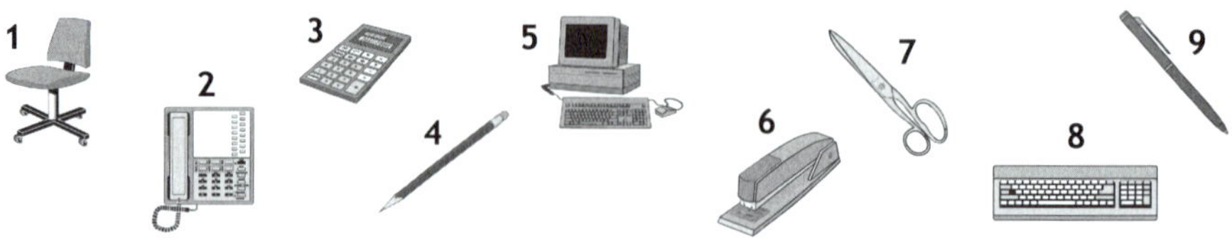

1					R						
	2				E						
	3				C						
			4		E						
	5				P						
			6		T						
		7			I						
8					O						
		9			N						

3. Numere as sentenças na ordem correta para formar um diálogo:

   [ ] Nice to meet you, too.
   [ ] Nice to meet you.
   [ ] Hello.
   [ ] Hello. What's your name?
   [ ] My name is Janet.

EXPRESSÃO ÚTIL

Thanks very much for your help.
(Muito obrigado/obrigada pela sua ajuda.)

5 COMPANY PROFILES

PERFIS DE UMA EMPRESA

COMPANY FACTS — Fatos da empresa

Eis um vocabulário básico relativo aos fatos de uma empresa:

activity *(atividade)*
brands *(marcas)*
employees *(empregados)*
head office *(escritório central)*
headquarters *(sede/matriz)*
location *(localização)*
manufacturer *(fábrica)*
number of companies in the group *(número de empresas no grupo)*
turnover *(faturamento)*

TYPES OF COMPANIES — Tipos de empresa

Conheça o vocabulário mais comum relacionado aos tipos de empresa:

associate company *(empresa associada)*
broadcasting company *(empresa de rádio e/ou teledifusão)*
chain stores company *(cadeia de lojas)*
family company *(empresa familiar)*
franchising *(sistema de franquia)*
holding company *(holding)*
joint venture *(joint venture)*
limited company *(companhia limitada)*
multinational company *(empresa multinacional)*
national company *(empresa nacional)*
subsidiary company *(empresa subsidiária)*
trading company *(empresa de comércio exterior)*

TIP TIME

company *(empresa)*
consortium *(consórcio)*
corporation *(sociedade anônima)*
local partner *(sócio local)*
organization *(organização)*

Um visitante estrangeiro, mesmo que já tenha se informado sobre a empresa anteriormente, poderá fazer perguntas relativas a ela quando chegar ao escritório. Eis algumas perguntas e respostas:

What kind of company is DBS? *(Que tipo de companhia é a DBS?)*
It's a multinational company. *(É uma multinacional.)*
DBS Publishers is a subsidiary of DBS Enterprises. *(A DBS Editora é subsidiária das Empresas DBS.)*
Where is the head office? *(Onde é/fica o escritório central?)*
It's in Chicago, US. *(É/fica em Chicago, nos Estados Unidos.)*
How many employees? *(Quantos empregados?)*
How many factories does it have? *(Quantas fábricas ela tem?)*
What kinds of products? *(Que tipos de produto?)*
What does it produce? *(O que ela produz?)*
What are its services? *(Que serviços ela presta?)*

ACTIONS IN THE PRESENT — Ações no presente

Os verbos são palavras que indicam uma ação que é praticada por alguém. Há vários tempos verbais, que indicam quando as diferentes ações se realizam – no presente, no passado ou no futuro. O **presente simples** é usado para indicar que uma ação ocorre no momento em que se fala, podendo ter diferentes graus de frqüência.

Uma das primeiras perguntas que os clientes estrangeiros fazem ao chegar à recepção de uma empresa é **Do you speak English?** *(Você fala inglês?)*. Assim, apresentaremos agora o verbo **to speak** *(falar)* no presente simples, nas formas afirmativa, negativa e interrogativa.

A forma afirmativa é esta:

I speak *(Eu falo)*
You speak *(Você fala)*
He speaks *(Ele fala)*
She speaks *(Ela fala)*
We speak *(Nós falamos)*
You speak *(Vocês falam)*
They speak *(Eles/Elas falam)*

TIP TIME

Para **he** *(ele)* e **she** *(ela)*, você deve acrescentar ao verbo as terminações **s** ou **es**.

Exemplos:

I speak English. *(Eu falo inglês.)*
He speaks Portuguese. *(Ele fala português.)*

Nas frases negativas no presente simples, usa-se **do not** ou a abreviação **don't**, que é mais usada na conversação. Para **he** *(ele)*, **she** *(ela)* e **it** *(ele ou ela)*, usa-se **does not** ou a forma abreviada **doesn't**.

I don't speak *(Eu não falo)*
You don't speak *(Você não fala)*
He doesn't speak *(Ele não fala)*
She doesn't speak *(Ela não fala)*
We don't speak *(Nós não falamos)*
You don't speak *(Vocês não falam)*
They don't speak *(Eles/Elas não falam)*

TIP TIME

Na forma negativa, em todas as pessoas, não se acrescenta o s ao verbo.

Exemplos:

I don't speak Spanish. *(Eu não falo espanhol.)*
She doesn't speak Japanese. *(Ela não fala japonês.)*

Para fazer perguntas no tempo presente, usa-se **do** ou (só para he, she e it) **does** no início da sentença.

Do I speak? *(Eu falo?)*
Do you speak? *(Você fala?)*
Does he speak? *(Ele fala?)*
Does she speak? *(Ela fala?)*
Do we speak? *(Nós falamos?)*
Do you speak? *(Vocês falam?)*
Do they speak? *(Eles/Elas falam?)*

Exemplos:

Do you speak Chinese? *(Você fala chinês?)*
Does Marco speak Italian? *(Marco fala italiano?)*

FREQUENCY WORDS — Palavras que indicam freqüência

O grau de freqüência com que uma ação é realizada pode ser indicado utilizando-se alguma das palavras abaixo:

everyday *(todos os dias)*
always *(sempre)*
usually *(habitualmente)*
sometimes *(algumas vezes)*
never *(nunca)*

Exemplos:

I speak German **everyday**. *(Eu falo alemão todos os dias.)*
She **always** speaks Russian. *(Ela sempre fala russo.)*
I **usually** speak French. *(Eu habitualmente falo francês.)*
Sometimes he speaks English. *(Algumas vezes ele fala inglês.)*
We **never** speak German. *(Nós nunca falamos alemão.)*

SHORT ANSWERS — Respostas curtas

Os exemplos abaixo demonstram como você pode responder com frases curtas (afirmativas e negativas) no presente simples:

Do you speak Japanese everyday? *(Você fala japonês todos os dias?)*
Yes, I do. *(Sim, falo.)* ou No, I don't. *(Não, não falo.)*
Does Ann speak Portuguese? *(Ann fala português?)*
Yes, she does. *(Sim, fala.)* ou No, she doesn't. *(Não, ela não fala.)*

DIÁLOGO PRÁTICO

A Excuse me, do you speak English?
B Yes, I do.
A Do you speak English everyday?
B No, I don't.
A Does the manager speak English too?
B No, he doesn't.

HOW OFTEN? — Com que freqüência?

Se você quiser saber com que freqüência alguma coisa acontece, poderá usar a expressão:

How often...? *(Com que freqüência...?)*

Exemplos:

How often do you speak English? *(Com que freqüência você fala inglês?)*
How often does she speak French? *(Com que freqüência ela fala francês?)*

SOME IMPORTANT VERBS — Alguns verbos importantes

VERB TO WORK — Verbo trabalhar

Aprenda mais alguns verbos, bastante usados no relacionamento com os clientes. O primeiro desses verbos é to work *(trabalhar)*, nas formas afirmativa, negativa e interrogativa do presente simples.

I **work** everyday. *(Eu trabalho todos os dias.)*
Mr. Field **works** in the morning. *(O sr. Field trabalha de manhã.)*
They **don't work** here. *(Eles não trabalham aqui.)*
Does she **work**? *(Ela trabalha?)*
Do you **work** in this office? *(Você trabalha nesse escritório?)*

VERB TO NEED — Verbo precisar

Outro verbo importante para atender às necessidades dos clientes é to need *(precisar)*. Eis alguns exemplos no presente simples:

We **need** our badge. *(Precisamos do nosso crachá.)*
She **needs** a notepad. *(Ela precisa de um bloco de anotações.)*
He **doesn't need** another chair. *(Ele não precisa de outra cadeira.)*
Do you **need** a pen, madam? *(A senhora precisa de uma caneta?)*
Does she need medical service? *(Ela precisa de serviço médico?)*

✓ CHECK YOUR PROGRESS Avalie o seu aprendizado

1. Escreva em inglês:
   a. Ela nunca fala japonês.
   She never... ______
   b. Vocês falam português todos os dias.
   ______
   c. Ele às vezes fala espanhol.
   ______
   d. Eu nunca falo inglês.
   ______
   e. Você sempre fala italiano.
   ______
   f. Elas sempre falam francês.
   ______

2. Complete os espaços com a forma correta do verbo **to speak** *(falar)*:
   a. I ______ German everyday.
   b. Mary ______ Portuguese and English.
   c. Do you ______ French?
   d. He never ______ Spanish.
   e. Bob and Tom ______ two languages.
   f. They ______ Japanese.
   g. Does Rita ______ Italian?
   h. John ______ Russian and French.

3. Responda às perguntas com frases curtas.
   a. Do you speak English? → ______
   b. Do you speak Italian? → ______
   c. Does the president speak English? → ______
   e. Do Brazilians speak Portuguese? → ______

EXPRESSÃO ÚTIL

Sorry to keep you waiting.
(Desculpe-me por fazê-lo/la esperar.)

6 DEALING WITH NUMBERS
LIDANDO COM NÚMEROS

NUMBERS 1 TO 20 — Números 1 a 20

Estes são os números de 1 a 20:

1 = one	6 = six	11 = eleven	16 = sixteen
2 = two	7 = seven	12 = twelve	17 = seventeen
3 = three	8 = eight	13 = thirteen	18 = eighteen
4 = four	9 = nine	14 = fourteen	19 = nineteen
5 = five	10 = ten	15 = fifteen	20 = twenty

HOW MANY? — Quantos?/Quantas?

Se quiser saber qual a quantidade de objetos, animais ou pessoas, poderá usar a expressão:

How many...? *(Quantos/Quantas...?)*

Exemplos:

How many people? *(Quantas pessoas?)*
How many books? *(Quantos livros?)*

TELEPHONE NUMBERS — Números de telefone

Quando quiser saber um número de um telefone, a pergunta a fazer será:

What's your phone number? *(Qual é o seu número de telefone?)*
My phone number is... *(Meu telefone é...)*

Em inglês, há duas formas de pronunciar a palavra zero: **zirou** ou **ou**. Nos números de telefone, **ou** é mais usado.

TIP TIME

Ao pronunciar um número telefônico em que aparecerem dois algarismos iguais juntos, você poderá dizer a palavra **double** e depois o algarismo. Exemplos:

3609 6001 → three six ou nine six double ou one
5411 9807 → five four double one nine eight ou seven

DIÁLOGO PRÁTICO

A Hello! Good morning. I am Mathew Goldstein.
B Good morning, sir. Please spell your full name.
A OK. M-A-T-H-E-W G-O-L-D-S-T-E-I-N.
B Thank you, sir. What's your phone number, please?
A It's 3172 7584.

MORE NUMBERS — Mais números

As dezenas de 20 a 100 são:

20 = twenty	50 = fifty	80 = eighty
30 = thirty	60 = sixty	90 = ninety
40 = forty	70 = seventy	100 = one hundred

Nas dezenas, os números se repetem de 1 a 9. Observe os exemplos:

21 = twenty-one	27 = twenty-seven
22 = twenty-two	28 = twenty-eight
23 = twenty-three	29 = twenty-nine
24 = twenty-four	30 = thirty
25 = twenty-five	31 = thirty-one
26 = twenty-six	32 = thirty-two

As palavras **hundred** *(cem)*, **thousand** *(mil)*, **million** *(milhão)*, **billion** *(bilhão)* etc. vão sempre no singular quando aparecem acompanhando um número:

100 = one hundred
1.000 = one thousand
1.000.000 = one million

Exemplos:

350 = three **hundred** and fifty
2.010 = two **thousand** and ten
10.672 = ten **thousand** six hundred and seventy-two

TIP TIME

Se vierem desacompanhadas de outro número, essas palavras deverão ficar no plural. Exemplos:
thousands of people *(milhares de pessoas)*
hundreds of offices *(centenas de escritórios)*

DATES — Datas

DAYS OF THE WEEK — Dias da semana

A fim de fazer reservas, agendar compromissos ou anotar mensagens para os hóspedes, é importante saber o vocabulário que compõe as datas. Veja primeiro como são os dias da semana em inglês:

Monday *(segunda-feira)*
Tuesday *(terça-feira)*
Wednesday *(quarta-feira)*
Thursday *(quinta-feira)*
Friday *(sexta-feira)*
Saturday *(sábado)*
Sunday *(domingo)*

TIP TIME

Em inglês, os dias da semana têm sempre inicial maiúscula.

Perguntas e respostas sobre o dia da semana podem ser feitas da seguinte forma:

What day is today? *(Que dia é hoje?)*
Today is Wednesday. *(Hoje é quarta-feira.)*
It's Wednesday. *(É quarta-feira.)*

Se você quiser dizer que uma ação acontece em determinado dia da semana, deverá sempre usar a preposição **on** antes do dia: **on** Monday *(na segunda-feira)*, **on** Tuesday *(na terça-feira)*, **on** Sundays *(aos domingos)* etc.

Exemplos:

I work **on** Monday. *(Eu trabalho na segunda-feira.)*
I work **on** Mondays. *(Eu trabalho às segundas-feiras.)*
She doesn't work **on** Sunday. *(Ela não trabalha no domingo.)*
She doesn't work **on** Sundays. *(Ela não trabalha aos domingos.)*

MONTHS Meses

Os nomes dos meses também têm inicial maiúscula:

January *(janeiro)*	May *(maio)*	September *(setembro)*
February *(fevereiro)*	June *(junho)*	October *(outubro)*
March *(março)*	July *(julho)*	November *(novembro)*
April *(abril)*	August *(agosto)*	December *(dezembro)*

Os nomes dos meses podem ser abreviados da seguinte forma:

Jan	May	Sep
Feb	Jun	Oct
Mar	Jul	Nov
Apr	Aug	Dec

TIP TIME

Quando quiser dizer em maio, em abril etc., use sempre a preposição **in**: **in** May, **in** April etc.:
My birthday is **in** May.
(Meu aniversário é em maio.)

Se alguém quiser saber em que mês que estamos, dirá:

What month is this? *(Que mês é este?)*
It's August. *(É agosto.)*

◆ WRITING DATES — Escrevendo datas

Em inglês, as datas são sempre formadas usando o dia do mês em numeral ordinal. É importante que você aprenda esses numerais, para depois utilizá-los de forma correta nas datas.

1 → 1st first *(primeiro)*
2 → 2nd second *(segundo)*
3 → 3rd third *(terceiro)*
4 → 4th fourth *(quarto)*
5 → 5th fifth *(quinto)*
6 → 6th sixth *(sexto)*
7 → 7th seventh *(sétimo)*
8 → 8th eighth *(oitavo)*
9 → 9th nineth *(nono)*
10 → 10th tenth *(décimo)*

TIP TIME

Do 4 ao 20, acrescenta-se **th** (ou, no caso do 8, apenas **h**) ao número para indicar os ordinais. Do 21 em diante, modifica-se apenas o número da direita. Veja estes exemplos:

21st twenty-**first**
22nd twenty-**second**
23rd twenty-**third**
24th twenty-**fourth**

Quando você quiser expressar uma data em que se mencione o dia, deverá usar antes do mês a preposição **on** (e não **in**, que só é usada quando o mês aparece sozinho, como já vimos):

1/8 → **on** August 1st *(em 1º de agosto)*
22/5 → **on** May 22nd *(em 22 de maio)*

Para dizer determinado ano, você deverá separar o número em duas partes, enunciando-o assim:

1998 = nineteen ninety-eight
1954 = nineteen fifty-four

Ou ainda:

2005 = two thousand and five

Para saber qual a data de hoje, a pergunta deverá ser:

What's the date today? *(Qual é a data de hoje?)*

A resposta será:

Today is... *(Hoje é...)*

TIP TIME

today *(hoje)*
tomorrow *(amanhã)*
yesterday *(ontem)*

Os numerais ordinais são também usados para indicar, por exemplo, o andar de um edifício:

first floor *(1º andar)*
second floor *(2º andar)*
third floor *(3º andar)*

✓ CHECK YOUR PROGRESS — Avalie o seu aprendizado

1. Escreva as datas por extenso:

a. 22/4 ---> ______________________

b. 9/5 ---> ______________________

c. 15/10 ---> ______________________

d. 21/7 ---> ______________________

e. 30/12 ---> ______________________

f. 1987 ---> ______________________

2. Escreva em inglês:

a. Eu trabalho aos sábados.

____

b. Hoje é quinta-feira.

____

c. Que dia é hoje?

____

d. Ela não trabalha aos domingos.

____

e. Seu escritório é no segundo andar.

____

3. Teste a sua memória escrevendo em inglês os termos abaixo:

a. outubro ---> ______________

b. sala de reuniões ---> ______________

c. grampeador ---> ______________

d. hoje ---> ______________

e. teclado ---> ______________

f. março ---> ______________

g. setembro ---> ______________

h. terça-feira ---> ______________

i. sétimo andar ---> ______________

j. dezembro ---> ______________

l. sábado ---> ______________

m. impressora ---> ______________

n. recepção ---> ______________

o. segunda-feira ---> ______________

p. domingo ---> ______________

EXPRESSÃO ÚTIL

I'm sorry. I don't know.
(Desculpe-me, eu não sei.)

7 TELLING THE TIME

DIZENDO AS HORAS

TELLING THE TIME — Dizendo as horas

Quando você quiser perguntar as horas, deverá dizer:

What time is it? ou What's the time? *(Que horas são?)*

Usa-se o'clock para indicar uma hora inteira. Veja os exemplos:

It's two o'clock.
(São duas horas.)

It's eight o'clock.
(São oito horas.)

It's eleven o'clock.
(São onze horas.)

Para as 12h, usa-se midday ou noon *(meio-dia)*. Para as 24h, midnight *(meia-noite)*.

It's midday/noon.
(É meio-dia.)

It's midnight.
(É meia-noite.)

O período que vai da meia-noite ao meio-dia é indicado usando-se a abreviação a.m. depois da hora. Já para o período que vai do meio-dia à meia-noite, emprega-se a abreviação p.m. depois:

6h

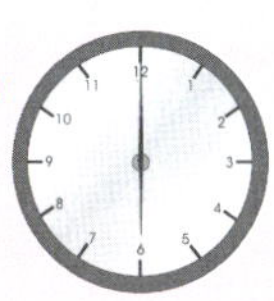

It's 6:00 a.m. ou
It's six in the morning.
(São 6 horas da manhã.)

18h

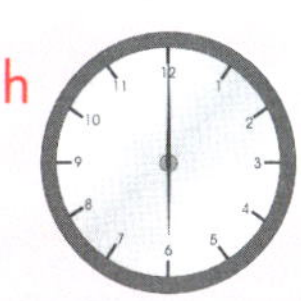

It's 6:00 p.m. ou
It's six in the afternoon.
(São 6 horas da tarde.)

TIP TIME

A hora militar (13h,15h), ou seja, as dezenas do período que vai do meio-dia (12h) à meia-noite (24h), não é de uso comum nos Estados Unidos.

Pode-se dizer um mesmo horário de diferentes formas. As meias horas, por exemplo, podem ser half past ou thirty:

It's half past seven. ou
It's seven thirty.
(São sete e meia.)

Algo semelhante se aplica aos quartos de hora. Quando se trata do primeiro quarto de hora, pode-se dizer a quarter past, a quarter after ou fifteen:

It's a quarter past ten. ou
It's a quarter after ten. ou
It's ten fifteen.
(São dez e quinze.)

Quando se trata do último quarto de hora, diz-se a quarter to ou forty-five.

It's a quarter to eleven.
(São quinze para as onze.) ou
It's ten forty-five.
(São dez e quarenta e cinco.)

Nos demais horários, usa-se a expressão It's... past/after para horários antes da meia hora e It's... to... para horários depois da meia hora. Você também poderá apenas mencionar o número de minutos depois da hora.

It's ten past/after nine. ou
It's nine ten.
(São nove e dez.)

It's twenty past/after nine. ou
It's nine twenty.
(São nove e vinte.)

It's twenty to ten.
(São vinte para as dez.) ou
It's nine forty.
(São nove e quarenta.)

TIP TIME

1 minute = 60 seconds	1 week = 7 days
1 hour = 60 minutes	1 month = 30 days
1 day = 24 hours	1 year = 12 months

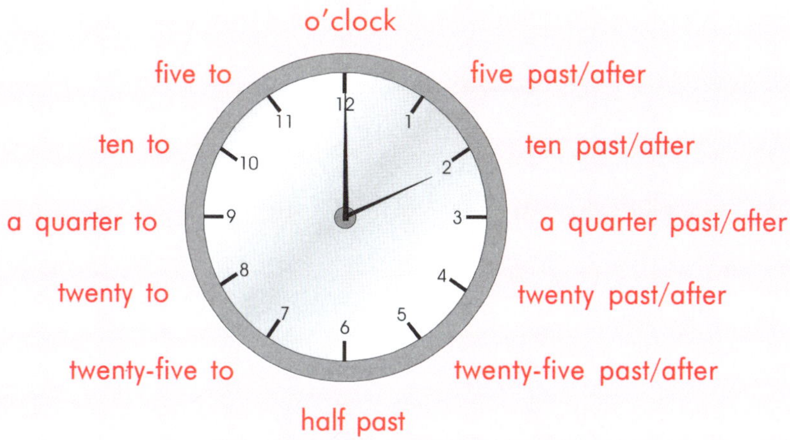

◆ **OPENING AND CLOSING TIMES** **Horários de abertura e fechamento**

Saber o horário em que as coisas acontecem também é parte do esquema de funcionamento de certos setores de um edifício, tais como escritórios, consultórios, restaurantes, salão de ginástica, etc. Observe o exemplo no quadro abaixo:

SERVICE	OPENING/CLOSING TIMES
office	9:00 a.m. to 6:00 p.m.
food court	7:00 a.m. to 11:00 p.m.
bank	10:00 a.m. to 3:00 p.m.
fitness center	6:00 a.m. to 11:00 p.m.

Algumas das perguntas e respostas mais freqüentes relativas a esse tópico são:

What are the office hours? *(Qual o horário do escritório?)*
The office hours are from 9:00 a.m. to 6:00 p.m. *(O horário do escritório é das nove da manhã às seis da tarde.)*
What time does the food court open? *(A que horas abre a praça de alimentação?)*
It opens at 7 a.m. *(Abre às sete da manhã.)*
What time does the snack bar close? *(A que horas fecha a lanchonete?)*
It closes at 11 p.m. *(Fecha às 11 da noite.)*
What time does the bank open? *(A que horas abre o banco?)*
It opens at 10 a.m. *(Abre às dez horas da manhã.)*

◆ WHEN? Quando?

Para saber quando alguma coisa vai acontecer, você poderá fazer perguntas usando a expressão:

When...? *(Quando?)*

❖ Exemplos:

When is the congress? *(Quando é o congresso?)*
When is the meeting? *(Quando é a reunião?)*

◆ HOW LONG? Quanto tempo?

Outra pergunta bastante comum quando se trata de tempo diz respeito à duração de uma ação. A expressão mais usada é:

How long does it take? *(Quanto tempo leva?)*
It takes... *(Leva...)*

❖ Exemplos:

How long does it take to go downtown (by car)? *(Quanto tempo leva para ir a cidade [de carro]?)*
It takes about twenty-five minutes. *(Leva cerca de 25 minutos.)*
How long does the meeting take? *(Quanto tempo demora a reunião?)*
It takes about two hours. *(Demora cerca de duas horas.)*

◆ GENERAL REQUESTS Solicitações gerais

É importante que você conheça as palavras abaixo, pois são bastante usadas quando se trata de solicitações.

some *(algum, alguns, alguma, algumas)*
any *(nenhum, nenhuma, algum, alguns, alguma, algumas)*
something *(alguma coisa)*
anything *(alguma coisa, nada)*
somebody *(alguém)*
anybody *(alguém, ninguém)*

Some, **something** e **somebody** são geralmente usadas em frases afirmativas. Porém, se você quiser oferecer alguma coisa esperando uma resposta afirmativa, poderá usar **some** na forma interrogativa:

I'd like **some** pencils, please. *(Eu gostaria de alguns lápis, por favor.)*
Can I have **some** pens, please? *(Posso pegar algumas canetas, por favor?)*
Would you like **something**? *(Gostaria de alguma coisa?)*
Can **somebody** help me? *(Alguém pode me ajudar?)*

Você deverá usar **any**, **anything** e **anybody** em frases negativas e interrogativas:

I don't want **any** tea. *(Eu não quero nenhum chá.)*
He doesn't want **anything**. *(Ele não quer nada.)*
Is there **anything** in the briefcase? *(Há alguma coisa na pasta?)*
Do you have **any** questions? *(Vocês têm alguma pergunta?)*

✓ CHECK YOUR PROGRESS — Avalie o seu aprendizado

1. Escreva as horas por extenso:
   a. 7h25 ···➔ ______
   b. 2h15 ···➔ ______
   c. 10h45 ···➔ ______
   d. 15h10 ···➔ ______
   e. 12h00 ···➔ ______

2. Escreva as horas por extenso, conforme o modelo.
   a. It's 7:00 a.m. ···➔ It's seven o'clock in the morning.
   b. It's 5:15 p.m. ···➔ ______
   c. It's 11:45 a.m. ···➔ ______
   d. It's 3:00 a.m. ···➔ ______
   e. It's 8:20 a.m. ···➔ ______
   f. It's 2:30 p.m. ···➔ ______
   g. It's 4:10 a.m. ···➔ ______

3. Complete as frases com **some**, **something**, **any** ou **anything**.
   a. Could you bring me ______ pens, please?
   b. Do you have ______ envelopes?
   c. I want ______ brochures, please.
   d. Sorry, we don't have ______ computers.
   e. Would you like ______ chairs?
   f. No, we don't need ______ .
   g. I don't want ______ tea.

4. Escreva os números por extenso:
   a. 1.689 ···➔ ______
   b. 734 ···➔ ______
   c. 15.296 ···➔ ______
   d. 310.403 ···➔ ______
   e. 5.912 ···➔ ______

EXPRESSÃO ÚTIL

Anything else?
(Algo mais?)

8 PERSONAL SERVICES

SERVIÇOS PESSOAIS

PERSONAL SERVICES — Serviços pessoais

MAKING APPOINTMENTS — Marcando entrevistas

O agendamento para uma reunião ou entrevista pode ser feito por telefone, fax ou e-mail. As perguntas e respostas relativas a esse contexto podem ser:

Can I make an appointment with Mr. Johnson? *(Posso agendar um horário com o sr. Johnson?)*
What day is good for you? *(Que dia é bom para o senhor/a senhora?)*
When would you like it to be? *(Quando o senhor/a senhora gostaria que fosse?)*
Is he/she free on… (day) at… (time)? *(Ele/Ela está livre na/no… [dia] às… [hora]?)*
No, I'm sorry. *(Não, sinto muito.)*
Yes, he/she is. *(Sim, está.)*
When is he/she free? *(Quando ele/ela está livre?)*
Is… (day) convenient? *(É o/a… [dia] conveniente?)*
Yes, that's fine. *(Sim, está ótimo.)*

RECEIVING CLIENTS — Recebendo clientes

Na recepção, após os cumprimentos e as boas-vindas ao cliente ou visitante estrangeiro, é importante saber se a consulta ou entrevista foi marcada com antecedência. Veja algumas perguntas que se podem fazer nessa situação:

Can I help you? *(Posso ajudá-lo/la?)*
Would you sit down, please? *(Gostaria de sentar-se, por favor?)*
Can I have your name? *(Posso saber seu nome?)*
Do you have a scheduled appointment? *(O senhor/A senhora tem hora marcada?)*
Under what name? *(Em nome de quem?)*

REGISTRATION FORM — Ficha de registro

Para registrar uma visita ou agendar um compromisso, a recepcionista ou secretária preenche ou pede ao cliente que preencha uma ficha que se chama registration form. Esta pode variar de um escritório para outro, mas consta básicamente dos itens apresentados na seguinte ficha:

dbs

REGISTRATION FORM

name: __________________________________
profession: ______________________________
position: ________________________________
company: _______________________________
purpose of visit: __________________________
date: ______________ time: _______________
signature: _______________________________

Para pedir que o cliente preencha a ficha de registro, você deverá dizer:

Would you please fill out this form? *(Poderia preencher esta ficha, por favor?)*

No caso de necessitar de alguma forma de identificação, você poderá usar esta frase:

I need some form of identification, please. *(Por favor, preciso de algum documento de identidade.)*

DIÁLOGO PRÁTICO

A Good afternoon, sir. Welcome to DBS Enterprises.
B Good afternoon.
A May I help you?
B My name is John Parker.
A Do you have an appointment?
B No, I don't. I would like to make an appointment for next week.
A What day and what time?
B How about next Friday at ten o'clock?
A OK. See you on Friday.

Se a pessoa que o cliente procura não estiver ou não puder atender, as expressões mais usadas serão as seguintes:

I'm sorry. Mr. Jones isn't in his office this morning. *(Sinto muito, o sr. Jones não está no escritório hoje de manhã.)*
Mr. Jones is in a meeting. *(O sr. Jones está numa reunião.)*
Mr. Clark is abroad on business. *(O sr. Clark está no exterior a negócios.)*

ANNOUNCING THE CLIENT — Anunciando o cliente

Quando a entrevista ou consulta tiver sido marcada com antecedência, as seguintes expressões poderão ser usadas após os cumprimentos:

I have an appointment with Mr. Jones at 3:30. *(Eu tenho uma entrevista com o sr. Jones às 3h30.)*
I'd like to speak to Mrs. Clark. *(Eu gostaria de falar com a sra. Clark.)*
Can I talk to Ms. Murray, please? *(Posso falar com a sra. Murray, por favor?)*
Just a moment, please. *(Só um momento, por favor.)*
Let me check it. *(Deixe-me verificar.)*
I will announce you. *(Vou anunciá-lo.)*
Follow me, please. *(Siga-me, por favor.)*
I'll take you to his/her office. *(Vou levá-lo/la ao escritório dele/dela.)*

DIÁLOGO PRÁTICO

A Good afternoon.
B Can I help you?
A Yes, I have an appointment with Mr. Jones, at the public relations department.
B Can I have your name, please?
A It's James Turner.
B And which company are you from?
A From International Trading.
B Let me check it... Right. Just a moment, please.
A (on the phone) Mr. Jones. Mr. James Turner is here to see you. OK.
B (to the visitor) Please, follow me.

MORE USEFUL VERBS — Mais verbos úteis

VERB TO LIKE — Verbo gostar

O verbo to like *(gostar)* também é importante para o uso diário. Eis alguns exemplos práticos.

I **like** this office. *(Eu gosto deste escritório.)*
Mr. Fields **likes** the director's office. *(O sr. Field gosta do escritório do diretor.)*
They **don't like** the meeting room. *(Eles não gostam da sala de reuniões.)*
Does she **like** the hotel? *(Ela gosta do hotel?)*
Do you **like** the convention center? *(Vocês gostam do centro de convenções?)*

TIP TIME

Lembre-se: para **he**, **she** e **it**, deve-se acrescentar a terminação **s** ou **es** ao verbo no presente.

VERBO TO HAVE — Verbo ter

Conheça o verbo to have *(ter)*:

I **have** a Brazilian passport. *(Eu tenho passaporte brasileiro.)*
They **have** an interview today. *(Eles têm uma entrevista hoje.)*
Frank **doesn't have** a computer. *(Frank não tem computador.)*
We **don't have** a marketing department. *(Nós não temos um departamento de marketing.)*
Do you **have** business cards? *(Vocês têm cartões de visita?)*
Does Mr. Gibson **have** a personal assistant? *(O sr. Gibson tem uma assistente pessoal?)*

Note como esse verbo se modifica para **he**, **she** e **it**:

She **has** four suitcases. *(Ela tem quatro malas.)*
The company **has** a mini-van. *(A companhia tem uma minivan.)*
He **has** two cars. *(Ele tem dois carros.)*
That client **has** two badges. *(Aquele cliente tem dois crachás.)*

VERB TO ARRIVE — Verbo chegar

O verbo to arrive *(chegar)* é bastante usado na rotina de um escritório, principalmente quando se aguardam clientes estrangeiros Veja alguns exemplos de seu uso no presente simples:

Mrs. Ferris **arrives** on Sunday afternoon. *(A sra. Ferris chega no domingo à tarde.)*
They **arrive** at 2 o'clock. *(Elas chegam às 2 horas.)*
Mr. Kim **doesn't arrive** today. *(O sr. Kim não chega hoje.)*
The documents **don't arrive** in the morning. *(Os documentos não chegam de manhã.)*
Do they **arrive** tomorrow? *(Eles chegam amanhã?)*
Does she **arrive** today? *(Ela chega hoje?)*

TIP TIME

O verbo **to arrive** *(chegar)* é também usado com sentido futuro. Exemplo:
Mr. Green arrives on Wednesday.
(O sr. Green chega na quarta-feira.)

TIP TIME

in the morning *(de manhã)*
in the afternoon *(de tarde)*
in the evening *(à noite)*
at night *(à noite)*

✓ CHECK YOUR PROGRESS — Avalie o seu aprendizado

1. Escreva em inglês:
   a. Eu gosto desse escritório.
   ____
   b. Ela nunca trabalha de manhã.
   ____
   c. Meu chefe chega às 8 horas da manhã.
   ____
   d. Vocês têm telefone celular?
   ____
   e. Você trabalha aqui?
   ____

2. Complete as orações com o verbo **to arrive** *(chegar)* ou **to have** *(ter)*:
   a. Mr. Smith _______________ in the morning.
   b. Mrs. White _______________ a big office.
   c. They _______________ two sons.
   d. Do you _______________ today?
   e. Mary _______________ today at 3 o'clock.

3. Assinale com X apenas a resposta correta:
   a. [ ] Pedro never works in the evening.
      [ ] Pedro never work in the evening.
   b. [ ] Mr. Hill don't have a big office.
      [ ] Mr. Hill doesn't have a big office.
   c. [ ] Does you speak English?
      [ ] Do you speak English?
   d. [ ] We have commercial buildings.
      [ ] We has commercial buildings.
   e. [ ] I work here everyday.
      [ ] I works here everyday.
   f. [ ] They don't have a car.
      [ ] They doesn't have a car.

EXPRESSÃO ÚTIL

Let me check it.
(Deixe-me verificar.)

9 TELEPHONE SERVICES

SERVIÇOS TELEFÔNICOS

TELEPHONE SERVICES — Serviços telefônicos

A principal função de um(a) telefonista é receber telefonemas e fazer transferências para os diferentes setores de uma empresa. Agora, apresentaremos algumas das diferentes situações vivenciadas nos serviços telefônicos.

WRONG NUMBER — Número errado

Quando se recebem ligações erradas, as expressões mais usadas são:

I'm sorry, but you dialed the wrong number. *(Sinto muito, mas você ligou o número errado.)*

Please call directory assistance. *(Por favor, peça o auxílio da lista.)*

DIÁLOGO PRÁTICO

A DBS Enterprises. May I help you?
B Is this WTS Enterprises?
A No, sorry. This is DBS Enterprises. You dialed the wrong number.
B Do you have the WTS Enterprises number?
A No, I'm sorry. Call directory assistance, please.

TRANSFERRING PHONE CALLS — Transferindo ligações

Quando se recebem ou se transferem ligações, as expressões mais comuns são:

I'll put you through. *(Vou transferir a ligação.)*

Hold on, please. *(Aguarde, por favor.)*

I will try to find him. *(Vou tentar achá-lo.)*

Mr. Sanders is not in his office at the moment. *(O sr. Sanders não está em seu escritório no momento.)*

Mrs. Green went out. *(A sra. Green saiu.)*

Could you leave a message, please? *(Poderia deixar recado, por favor?)*

There is no answer. *(Ninguém atende.)*

The office line is busy. Could you hold on for a moment? *(A linha do escritório está ocupada. Poderia esperar um momento?)*

DIÁLOGO PRÁTICO

A DBS Enterprises. May I help you?
B Yes, I'd like to speak to Mr. Sanders.
A Hold on for a moment. I'll put you through.
B Thank you very much.

DIÁLOGO PRÁTICO

C DBS Enterprises. May I help you?
D Yes, please. I'd like to talk to Ms. Jane Lee.
C I'm sorry, but the line is busy right now.
D OK. I'll hold on.

(depois de alguns momentos)

C The line is still busy. Would you like to leave a message?
D Yes, please. Ask her to call me back. My name is Susana Livingstone.

LOCAL AND INTERNATIONAL CALLS Ligações locais e internacionais

Ao orientar o cliente nas ligações locais ou internacionais, as principais perguntas e respostas poderão ser:

What's the area code? *(Qual é o código de área?)*
The state area code is 11. *(O código de área do estado é 11.)*
What is the international access code? *(Qual é o código de acesso internacional?)*
The international access code is 00. *(O código de acesso internacional é 00.)*
What's the (country) area code? *(Qual é o código de área do país?)*
The country area code is 33. *(O código de área do país é 33.)*
May I have directory assistance, please? *(Posso usar o auxílio à lista, por favor?)*

DIÁLOGO PRÁTICO

A Good afternoon. May I help you?
B Yes, I want to make an international call. What is the international access code?
A The international access code is 00 21.
B Could you check what is the area code for Holland?
A Hold on a moment. It's 31.
B And what's the city code for Amsterdam?
A It's 1.
B Thank you very much.

TIP TIME

mobile phone *(telefone celular)*
pay phone *(telefone público)*
video phone *(videofone)*

MORE USEFUL VERBS — Mais verbos úteis

VERB TO WANT — Verbo querer

Um verbo muito usado no relacionamento com os clientes é o verbo to want *(querer)*. Veja alguns exemplos de seu uso no presente simples.

I **want** more details, please. *(Eu quero mais detalhes, por favor.)*
Mr. Johnson **wants** another room. *(O sr. Johnson quer outra sala.)*
I **don't want** another product. *(Eu não quero outro produto.)*
Mr. White **doesn't want** the report. *(O sr. White não quer o relatório.)*
Do you **want** an outside line? *(Você quer uma linha externa?)*
Does he **want** any information? *(Ele quer alguma informação?)*

VERB TO WRITE — Verbo escrever

O verbo to write *(escrever)* também é importante para o uso diário. Eis alguns exemplos práticos.

We **write** reports everyday. *(Nós escrevemos relatórios todos os dias.)*
Mary **writes** e-mails every morning. *(Mary escreve e-mails todas as manhãs.)*
They **don't write** in English. *(Eles não escrevem em inglês.)*
Mr. Stein **doesn't write** during the meetings. *(O sr. Stein não escreve durante as reuniões.)*
Do you **write** memos everyday? *(Você escreve memorandos todos os dias?)*
Does Sophia **write** in Spanish? *(Sofia escreve em espanhol?)*

VERB TO READ — Verbo ler

Conheça o verbo to read *(ler)* através de alguns exemplos no presente simples:

I **read** the newspaper in the morning. *(Eu leio o jornal de manhã.)*
Jim only **reads** his messages at night. *(Jim só lê suas mensagens à noite.)*
We **don't read** the letters every week. *(Nós não lemos as cartas todas as semanas.)*
Miss Porter **doesn't read** any newspaper. *(A Srta. Porter não lê nenhum jornal.)*
Do you **read** any magazines? *(Você lê alguma revista?)*
Does Ann **read** her e-mail in the morning? *(Ann lê seus e-mails de manhã?)*

ASKING AND OFFERING Pedindo e oferecendo

O verbo **to want** *(querer)*, que você aprendeu anteriormente), embora seja a forma menos educada de pedir alguma coisa em inglês, é bastante freqüente na comunicação diária, como nestas frases:

I **want** an outside line, please. *(Eu quero uma linha externa, por favor.)*

I **want** a computer stand. *(Eu quero um suporte para computador.)*

Para formas mais educadas de pedir algo, você pode usar could ou can, sempre no início da pergunta. **Can** é mais informal do que **could**. Veja alguns exemplos de pedidos que os clientes costumam fazer:

Can I have a catalog, please? *(Pode me dar um catálogo, por favor?)*

Could I have a coffee, please? *(Poderia me trazer um café, por favor?)*

No relacionamento com os clientes, é importante saber como responder educadamente aos pedidos feitos por eles. Observe alguns exemplos de expressões que podem ser usadas:

Of course! *(Claro!)*

Certainly! *(Certamente!/Com certeza!)*

Here you are, madam. *(Aqui está, senhora.)*

I'll see to it, sir. *(Vou providenciar, senhor.)*

I'll check on it. *(Vou verificar isso.)*

I'll get that for you. *(Eu pego isso para o senhor/senhora.)*

Quando se deseja oferecer alguma coisa, a expressão comumente usada é:

Would you like...? *(Você gostaria de...?)*

❖ Exemplos:

Would you like a brochure, sir? *(Gostaria de um folheto, senhor?)*

Would you like a glass of water? *(Gostaria de um copo de água?)*

Pode–se expressar um desejo com I would like... *(Eu gostaria...)* ou com a forma abreviada I'd like...

❖ Exemplos:

I'd like an office with a park view. *(Eu gostaria de um escritório com vista para o parque.)*

We'd like two connecting rooms, please. *(Nós gostaríamos de duas salas com comunicação, por favor.)*

SUGGESTING AND RECOMMENDING Sugerindo e recomendando

Quando o cliente quiser solicitar uma sugestão, ele poderá dizer:

What do you recommend? *(O que você recomenda?)*

What do you suggest? *(O que você sugere?)*

Para fazer uma sugestão, você poderá iniciar a frase dizendo:

I recommend... *(Eu recomendo...)*

I suggest... *(Eu sugiro...)*

❖ Exemplos:

I recommend the Green Park Hotel. *(Eu recomendo o hotel Green Park.)*

I suggest a city tour. *(Eu sugiro um passeio pela cidade.)*

✓ CHECK YOUR PROGRESS — Avalie o seu aprendizado

1. Escreva em inglês:

    a. Vou transferir a ligação.

    ____

    b. O sr. Crane saiu.

    ____

    c. Poderia esperar um momento?

    ____

    d. Qual é o código de área?

    ____

    e. O que você sugere?

    ____

2. Escreva os equivalentes em inglês e complete os espaços no diagrama.

    a. ligação internacional ---→ ______________________________
    b. lista telefônica ---→ ______________________________
    c. telefonema/ligação ---→ ______________________________
    d. mensagem/recado ---→ ______________________________
    e. telefonista ---→ ______________________________
    f. número de telefone ---→ ______________________________
    g. código de área ---→ ______________________________
    h. número errado ---→ ______________________________
    i. código de acesso ---→ ______________________________

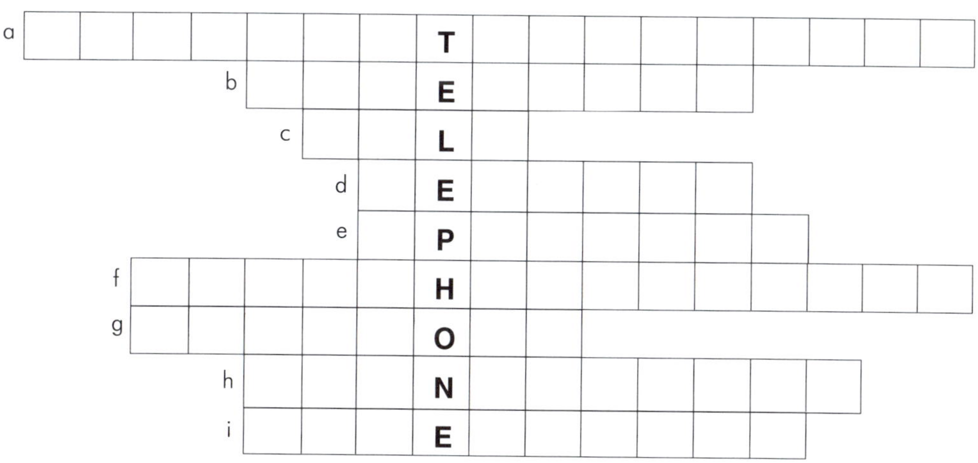

EXPRESSÃO ÚTIL

Who's calling, please?
(Quem está falando, por favor?)

10 DEALING WITH FIGURES
LIDANDO COM CIFRAS

DEALING WITH FIGURES — Lidando com cifras

SAYING MONEY FIGURES — Dizendo quantias

Estas são as formas mais comuns de referir-se a quantias:

US$ 9,80 → nine dollars eighty
£ 75,50 → seventy-five pounds fifty
• 360,00 → three hundred and sixty euros
Mex$ 847,00 → eight hundred and forty-seven Mexican pesos

Veja como se podem enunciar cifras maiores:

1m → one/a million
4bn → four billion
US$ 8.5bn → eight point five billion dollars

TIP TIME

Quando mencionamos valores grandes em inglês americano, omite-se o artigo **and** (e, de uso comum nesse contexto em inglês britânico. Veja estes exemplos:

£ 567m = five hundred and sixty-seven million pounds
(inglês britânico)

£ 567m = five hundred sixty-seven million pounds
(inglês americano)

Entre as frases normalmente usadas em relação a custos e troca de dinheiro, estão estas:

How much is this? *(Quanto custa isso?)*
Where can I change money? *(Onde posso trocar dinheiro?)*
We have only dollars, not local currency. *(Nós temos somente dólares, não a moeda local.)*
What are the exchange rates today? *(Quais são as taxas de câmbio de hoje?)*
I'd like to change these dollars. *(Eu gostaria de trocar estes dólares.)*
How many reais will I get for these euros? *(Quantos reais eu receberei por estes euros?)*

WORLD CURRENCIES — Moedas estrangeiras

Veja os nomes e os códigos de algumas moedas em uso atualmente nas transações comerciais:

CODE *CÓDIGO*	BASIC CURRENCY UNIT *UNIDADE MONETÁRIA BÁSICA*	FRACTIONAL UNIT *UNIDADE FRACIONÁRIA*
ARP	Argentinian peso	centavo
BRR	Brazilian real	centavo
CHF	Swiss franc	centime
CNY	Chinese yuan renminbi	fen
EUR	European Euro	cent
GBP	British pound	penny
HKD	Hong Kong dollar	cent
JPY	Japanese yen	sen (not used)
MXP	Mexican peso	centavo
SEK	Swedish krona	øre
SUR	Russian ruble	kopeck
USD	American dollar	cent

FINANCIAL TERMS — Termos financeiros

Conheça algumas das principais palavras relacionadas ao movimento financeiro:

account *(conta bancária)*
account balance *(saldo de conta bancária)*
banknote *(nota de dinheiro)*
bill/check *(conta)*
bureau de change *(casa de câmbio)*
cash *(dinheiro vivo)*
change *(troco)*
checkbook *(talão de cheques)*
coin *(moeda)*
credit *(crédito)*
credit card *(cartão de crédito)*
debt *(débito)*
deposit *(depósito)*
foreign currency *(moeda estrangeira)*
installment credit *(crédito a prazo)*
installment sale *(venda a prestação)*
loan *(empréstimo)*
receipt *(recibo)*
statement *(relatório bancário)*
withdrawal *(retirada de dinheiro)*

TIP TIME

inglês americano:
check
(cheque)
checkbook
(talão de cheques)
checking account
(conta corrente)
savings account
(conta de poupança)
inglês britânico:
cheque
(cheque)
cheque book
(talão de cheques)
currant account
(conta corrente)
deposit account
(conta de poupança)

FINANCIAL TRANSACTIONS — Transações financeiras

É importante que você conheça as palavras abaixo, pois são bastante usadas nas transações financeiras de uma empresa. Outras podem ser encontradas no Banco de Palavras.

actual price *(preço real)*
amount *(soma, quantia)*
cost *(custo)*
discount *(desconto)*
interests *(juros)*
invoice *(fatura)*
net price *(preço líquido)*
order *(ordem/pedido)*
payment *(pagamento)*
percentage *(porcentagem)*
price *(preço)*
retail *(varejo)*
stock *(estoque)*
wholesale *(atacado)*

ACTIONS IN THE PRESENT — Ações no presente

Como já vimos, o presente simples é usado para ações que acontecem no presente, com diferentes graus de freqüência. Por outro lado, para indicar o transcorrer de uma ação no momento em que se fala, deve-se usar o **presente contínuo**. Veja como ele é formado:

verbo to be + verbo principal + terminação ing

Exemplos:

I am working now. *(Eu estou trabalhando agora.)*
He is arriving now. *(Ele está chegando agora.)*

É importante que você aprenda as seguintes expressões, para poder indicar que uma ação está acontecendo no momento em que se fala.

now *(agora)*
right now *(agora)*
at present *(no presente)*
at the moment *(no momento)*
presently *(presentemente; logo)*
nowadays *(atualmente)*

Entenda melhor o uso do presente contínuo mediante a conjugação do verbo **to work** *(trabalhar)* nas formas afirmativa, negativa e interrogativa:

I am working *(Eu estou trabalhando)*
You are working *(Você está trabalhando)*
He/She is working *(Ele/Ela está trabalhando)*
We are working *(Nós estamos trabalhando)*
You are working *(Vocês estão trabalhando)*
They are working *(Eles/Elas estão trabalhando)*

Exemplo:

Mr. Parker **is working** now. *(O sr. Parker está trabalhando agora.)*

Para formar frases negativas, você deve acrescentar a palavra **not** depois do verbo **to be**. Veja os modelos:

I am not working *(Eu não estou trabalhando)*
You are not working *(Você não está trabalhando)*
He/She is not working *(Ele/Ela não está trabalhando)*
We are not working *(Nós não estamos trabalhando)*
You are not working *(Vocês não estão trabalhando)*
They are not working *(Eles/Elas não estão trabalhando)*

❖ Exemplo:
Mr. Parker **is not working** now. *(O sr. Parker não está trabalhando agora.)*

As perguntas sobre algo que está acontecendo no momento em que se fala são feitas colocando-se o verbo **to be** no início da pergunta:

Am I working? *(Eu estou trabalhando?)*
Are you working? *(Você está trabalhando?)*
Is he/she working *(Ele/Ela está trabalhando?)*
Are we working? *(Nós estamos trabalhando?)*
Are you working? *(Vocês estão trabalhando?)*
Are they working? *(Eles/Elas estão trabalhando?)*

❖ Exemplo:
Is Mr. Parker **working** now? *(O sr. Parker está trabalhando agora?)*

◆ PRESENT SIMPLE OR CONTINUOUS? Presente simples ou contínuo?

Compare o uso do **presente simples** com o do **presente contínuo**:

1. Para ações diárias ou habituais, use o presente simples.
   I **work** in the office **everyday**. (Eu trabalho no escritório todos os dias.)
   They **work** at the food court **every morning**. *(Eles trabalham na praça de alimentação toda manhã.)*

2. Para indicar uma ação que está acontecendo no momento em que se fala, use o presente contínuo.
   I **am working** in the director's office **now**. *(Eu estou trabalhando no escritório do diretor agora.)*
   They **are working** in the meeting room **now**. *(Eles estão trabalhando na sala de reuniões nesse momento.)*

✓ CHECK YOUR PROGRESS Avalie o seu aprendizado

1. Complete o diálogo com as palavras do quadro abaixo:

time	appointment	you	spell	May	help	name

A DBS Enterprises. May I __________ you?
B Yes, I'd like to make an __________ .
A What's your __________ , please?
B It's Tom Farrel.
A Could __________ your last name, please?
B It's F-A-R-R-E-L.
A When would you like it?
B On __________ 9th.
A What __________ would you like?
B At 4:00 p.m.
A OK. We are expecting __________ on May 9th at 4:00 p.m.

2. Escreva em inglês:

a. Joanna está falando inglês.

____

b. Eles estão chegando agora.

____

c. Vocês estão trabalhando agora?

____

d. Ele não está trabalhando hoje.

____

e. Eu estou trabalhando no momento.

____

3. Assinale a alternativa correta:

a. Pedro … right now.
[ ] is working
[ ] works

b. Julia … every morning.
[ ] works
[ ] is working

c. Mr. Stone … now
[ ] arrives
[ ] is arriving

EXPRESSÃO ÚTIL

How can I help you?
(Como posso ajudá-lo/la?)

11 COMMUNICATIONS

COMUNICAÇÕES

VERBAL COMMUNICATIONS — Comunicações verbais

Numa empresa, as comunicações podem ser verbais ou escritas. Além dos telefonemas (já vistos anteriormente), constam das comunicações verbais:

answering machine *(secretária eletrônica)*
conference call *(conferência telefônica)*
speaker phone *(viva-voz)*
video conference *(videoconferência)*
voice mail *(caixa postal telefônica)*

WRITTEN COMMUNICATIONS — Comunicações escritas

Conheça os nomes em inglês dos principais tipos de comunicação escrita numa empresa:

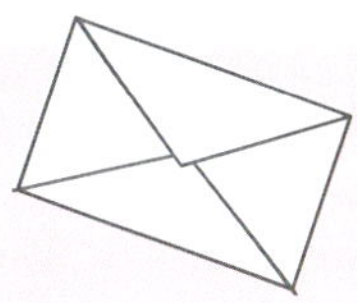

bulletin board *(quadro de avisos)*
e-mail *(e-mail)*
fax message *(mensagem de fax)*
invitation *(convite)*
letter *(carta)*
memo (memorandum) *(memorando/lembrete para alguém)*
newsletter *(newsletter)*
written message *(mensagem escrita)*

MESSAGE FORMS — Formulários de mensagens

TELEPHONE MESSAGE PAD
BLOCO DE RECADOS

message to: Mr. Sanders
message from: Mrs. Young
message: Please call her at her hotel. Her phone number is 38574297 room number 737
message taken by: Sandra

MEMORANDUM (MEMO)
MEMORANDO

to: Mr. Jones
from: Mr. Sullivan
date: 3/23/2004
subject: Confirming the meeting on May 20th.

BUSINESS LETTERS Cartas comerciais

As regras para escrever uma carta comercial são fixas e abrangem as seguintes partes:

LETTERHEAD *TIMBRE*
(o impresso no alto da página, com o logo, o nome e o endereço da firma)

DATELINE *DATA*
❖ Exemplo: October 16th, 2004.

SALUTATION *SAUDAÇÃO*
addressee name and title *(nome e título do destinatário)*
❖ Exemplos:
Dear Personnel Director
Dear Sir or Madam *(se você não souber a quem está escrevendo)*
Dear Mr./Mrs./Miss/Ms. *(se você souber a quem a carta é dirigida e mantiver um relacionamento formal)*
Dear Michael *(se houver um relacionamento comercial amigável)*

REFERENCE *ASSUNTO*
❖ Exemplos:
With reference to your letter of March 23rd... *(Com referência a sua carta de 23 de março...)*
Thank you for your letter of May 5th. *(Obrigado/Obrigada pela sua carta de 5 de maio.)*

BODY OF THE LETTER *CORPO DA CARTA*
letter message *(mensagem da carta)*

CLOSING REMARKS *COMENTÁRIOS DE FECHAMENTO*
❖ Exemplos:
Thank you for your help. *(Obrigado/Obrigada por sua ajuda.)*
Please contact us if... *(Por favor, entre em contato se...)*
...we can help in any way. *(...pudermos ajudar de algum modo.)*
...there are any problems. *(...houver algum problema.)*
...you have any questions. *(...tiver alguma dúvida.)*

REFERENCE TO FUTURE CONTACT *REFERÊNCIA A UM CONTATO FUTURO*
❖ Exemplos:
I look forward to... *(Aguardo ansiosamente...)*
...hearing from you soon. *(...ter notícias suas em breve.)*
...meeting you next month. *(...encontrá-lo no próximo mês.)*
...seeing you next week. *(...vê-lo na próxima semana.)*

COMPLIMENTARY CLOSING *FECHAMENTO*
❖ Exemplos:
Yours faithfully *(se você não souber o nome do destinatário)*
Yours sincerely/Sincerely *(se você souber o nome do destinatário)*
Best regards *(se já houver relacionamento comercial com o destinatário)*

SIGNATURE LINE *ASSINATURA*
writer's name *(nome do remetente)*
post *(posição)*

Veja um exemplo de carta comercial:

dbs

DBS Enterprises
467 Avenida Nações Unidas 7th floor
São Paulo SP CEP 03467-185 Brazil
55 11 3891 5632

March 25th, 2004.

Mr. Hitoro Nakano, Manager
Intertech Electronics
134 Crescent Lane

Dear Mr. Nakano,

Thank you for your letter from March 15th and your interest in our company and our new catalogs. We will be sending them to you by Fedex immediately, so that you can choose the ones you want. The new products are really outstanding. Please contact us again if we can help in anyway.

I look forward to hearing from you soon.
Sincerely,

Sandra G. Soares
Personal Assistant

E-MAILS E-mails

Os e-mails de uma empresa podem ter diferentes finalidades: comunicações gerais ou comerciais, marketing, newsletters etc. Em qualquer caso, a linguagem deverá ser simples, clara e objetiva. Veja um exemplo de e-mail comercial:

Dear Mr. Sanders

Last week I spoke to Mr. Austin from your company regarding the purchase of your company's cordless phones. I have already placed an order but need some details about shipment. I realize that we have little previous experience in the transportation of such materials, and I am not at all sure of the procedure. I would also be grateful if you could give me an approximate date when we could expect to receive the goods.

I look forward to your reply.

Kind regards,

Sandra G. Soares
Personal Assistant
Administration
sgsoares@dbs.com.br

FAX MESSAGES — Mensagens de fax

Veja um exemplo de mensagem de fax:

FAX MESSAGE

DBS ENTERPRISES
to: Mr. Jonathan Kerry
from: Sandra Soares
date: 10/03/2004
total pages: 01
CC:
ref: order no. 569834

We are sorry to inform that there is a delay in the delivery of the above order.
The reason for the delay is that there was a problem in the printing process of the new catalogs.
We will send them to you by express courier as soon as they are ready within a few days.
We apologize again for the inconvenience.

Sincerely,

Sandra G. Soares
Personal Assistant
Administration

TIP TIME

Sinais de escrita:

. = dot *(ponto)*
, = comma *(vírgula)*
? = interrogation mark *(ponto-de-interrogação)*
! = exclamation mark *(ponto-de-exclamação)*
: = colon *(dois-pontos)*
; = semi colon *(ponto-e-vírgula)*
@ = at *(arroba)*
/ = forward slash *(barra)*
\ = back slash *(barra invertida)*
_ = underline *(sublinha)*
- = hyphen *(hífen)*

✓ CHECK YOUR PROGRESS   Avalie o seu aprendizado

1. Complete o quadro com o significado dos símbolos em inglês:

a.	@		f.	!	
b.	/		g.	;	
c.	–		h.	\	
d.	:		i.	?	
e.	.		j.	,	

2. No caça-palavras, procure seis tipos de comunicação escritas e indique-os nas linhas abaixo.

```
A F N F C T E I C E R V
D A M A I L A N O F F I
E X I R N C T V R S O F
P M M Y J E L I I T C S
N E W S L E T T E R K E
S S M E M O R A N D U M
I S Y N A I G T D A Z A
T A E S T O R I G E R I
M G N F I N N O A T H L
L E T T E R E N Y D O B
```

______
______
______
______
______
______

3. Escreva em inglês:

a. secretária eletrônica ⇢ ______
b. viva-voz ⇢ ______
c. videoconferência ⇢ ______
d. caixa postal telefônica ⇢ ______
e. convite ⇢ ______
f. quadro de avisos ⇢ ______

EXPRESSÃO ÚTIL

Our computers are down.
(Nossos computadores estão fora de sistema.)

12 PLANNING EVENTS
PLANEJANDO EVENTOS

MEETINGS Reuniões

As reuniões de diretores e gerentes com clientes estrangeiros fazem parte da rotina de uma empresa.
Conheça as partes principais de uma reunião, o vocabulário e as expressões mais usadas em cada circunstância.

TIP TIME

agenda *(agenda/lista de tópicos que serão discutidos)*
item *(item)*
meeting chairman *(presidente da reunião)*
minute *(minuta/resumo da reunião)*
participants *(participantes)*
proposal *(proposta)*
report *(relatório)*
to attend *(participar da reunião)*
to propose *(propor)*
to second *(apoiar uma proposta)*
to vote (for) *(votar [por/para])*

PARTS OF A MEETING Partes de uma reunião

OPENING THE MEETING *ABRINDO A REUNIÃO*
Good morning/afternoon, everyone. *(Bom dia/Boa tarde a todos.)*
If we are all here, let's start. *(Se todos estão presentes, vamos começar.)*

WELCOMING AND INTRODUCING FOREIGN PARTICIPANTS *DANDO AS BOAS-VINDAS E APRESENTANDO OS PARTICIPANTES ESTRANGEIROS*
We're pleased to welcome and introduce... (name of participant) *(Temos o prazer de dar as boas-vindas e apresentar... [nome do participante])*

STATING THE PRINCIPAL OBJECTIVE OF THE MEETING *DECLARANDO O OBJETIVO DA REUNIÃO*
We're here today to... *(Estamos aqui hoje para...)*

INTERRUPTING *INTERROMPENDO*
Excuse me for interrupting. *(Desculpem-me por interromper.)*

GIVING OPINIONS *DANDO OPINIÕES*
In my opinion... *(Na minha opinião...)*

ASKING FOR OPINIONS *PEDINDO OPINIÕES*
How do you feel about...? *(O que você[s] acha[m] de...?)*

AGREEING WITH OTHER OPINIONS *CONCORDANDO COM OUTRAS OPINIÕES*
I have to agree with... (name of participant) *(Eu tenho de concordar com... [nome do participante])*

DISAGREEING WITH OTHER OPINIONS *DISCORDANDO DE OUTRAS OPINIÕES*
(I'm afraid) I can't agree. *([Sinto muito, mas] não posso concordar.)*

ADVISING AND SUGGESTING *ACONSELHANDO E SUGERINDO*
I suggest/recommend that... *(Sugiro/Recomendo que...)*

CONFERENCES AND CONGRESSES Conferências e congressos

Se você tiver de entrar em contato com pessoas no exterior para obter informações sobre congressos, conferências, cursos e reuniões de negócios, precisará conhecer as palavras relacionadas a esse contexto. Quando tais eventos se realizarem no Brasil, será importante também saber informar aos clientes ou visitantes estrangeiros os detalhes relativos.

THE BUSINESS CENTER A central de negócios

Os congressos geralmente acontecem em centros de convenções ou em hotéis de classe superior que oferecem espaços adequados. Nesses lugares, há o business center *(central de negócios)*, um setor destinado a coordenar tudo o que se refere ao assunto, inclusive a tarefa de receber os pedidos de reserva para os eventos. Conheça o vocabulário básico relativo às pessoas e aos serviços envolvidos numa central de negócios:

reservations office *(escritório de reservas)*
technology concierge *(concierge para a área de tecnologia)*
conference delegates *(participantes da conferência)*
meeting planners *(planejadores do encontro)*

DIÁLOGO PRÁTICO

A The Green Park Hotel Business Center. How may I help you?
B My boss is a speaker at the conference on January 31st. What are your conference facilities?
A We have all the last audio-visual facilities, secretarial and simultaneous translations services.
B Could you send me an e-mail with the conference details?
A Certainly. Thanks for calling.

EXECUTIVE FACILITIES — Serviços para executivos

No quadro abaixo, veja os serviços disponíveis para executivos:

auditorium *(auditório)*
conference room *(sala de conferência)*
computer workroom *(sala de computador)*
secretarial services *(serviços de secretaria)*
simultaneous translators service *(serviço de tradução simultânea)*
e-mail/faxing/copying/scanning/printing services *(serviços de e-mail/fax/cópias/scanning/impressão)*

PRESENTATIONS MATERIAL — Material de apresentações

No quadro abaixo, você verá alguns materiais usados durante uma apresentação:

easel *(cavalete)*
flip chart *(flipchart)*
handouts *(papéis entregues à audiência)*
laser pointer *(indicador leiser)*
lectern *(tribuna)*
marker *(caneta para escrever na lousa)*
microphone stands *(suportes de microfone)*
OHT (overhead transparencies) *(transparências de retroprojetor)*
screen *(tela)*
whiteboard *(lousa branca)*

EQUIPMENT RENTAL — Aluguel de equipamento

Os principais equipamentos e recursos audiovisuais oferecidos aos executivos, palestrantes e congressistas são:

air-conditioning remote control *(controle remoto de ar condicionado)*
amplifiers *(amplificadores)*
data show *(datashow)*
headsets *(fones de ouvidos)*
Internet access *(acesso à Internet)*
loudspeakers *(alto-falantes)*
OHP (overhead projector) *(retroprojetor)*
simultaneous transmission system *(sistema de transmissão simultânea)*
sound equipment *(equipamento de som)*
tape recorder *(gravador)*
VCR equipment *(equipamento de vídeo)*
video conferencing *(videoconferência)*
wired and wireless microphones *(microfones com/sem fio)*
wireless equipment *(equipamento sem fio)*

GIVING INSTRUCTIONS   Dando instruções

Algumas vezes, é necessário orientar alguém para utilizar algum equipamento. Se você tiver de fazê-lo, use sempre **Please**, seguido de alguns termos empregados para dar instruções:

turn *(gire)*	press *(aperte)*
turn on *(ligue)*	choose *(escolha)*
turn off *(desligue)*	open *(abra)*
turn up *(aumente o volume)*	close *(feche)*
turn down *(diminua o volume)*	put in *(coloque)*

Exemplos:

Please press play on the remote control. *(Por favor, aperte* play *no controle remoto.)*

Please turn the button. *(Por favor, gire o botão.)*

Para pedir que alguma coisa não seja feita, use **don't** junto com a palavra **Please**, a fim de manter o tom educado da solicitação.

Exemplo:

Please don't open this door. *(Por favor, não abra essa porta.)*

BANQUETS AND PARTIES   Banquetes e festas

Veja como são chamados em inglês alguns dos eventos ligados a conferências. Esses eventos podem ser patrocinados por sua empresa no exterior e podem ser banquetes ou eventos menores, tais como reuniões de diretoria, coquetéis, cafés, jantares particulares de negócios, encontros com a imprensa etc.

banquet *(banquete)*
lunch party *(almoço festivo)*
dinner party *(jantar festivo)*
birthday party *(festa de aniversário)*
cocktail party *(coquetel)*
press conference *(entrevista coletiva [para a imprensa])*
open bar/appetizers *(bebidas/salgadinhos gratuitos)*

DIÁLOGO PRÁTICO

A The Green Park Hotel. Events reservations. May I help you?
B Yes, I'd like to make a reservation for a party.
A What kind of party, please?
B It's an open bar and appetizers party.
A What is the date?
B It's on September 25th.
A How many people?
B About one hundred and fifty. What are the rates per person?
A It depends on the menu and the beverage included. Please give me your name and e-mail address and I'll send you our options.
B OK. My name is... and my e-mail address is...

✓ CHECK YOUR PROGRESS Avalie o seu aprendizado

1. Escreva em inglês:

   a. Como posso ajudá-la, senhora?

   ____

   b. Para quantas pessoas?

   ____

   c. Por favor, aperte o botão.

   ____

   d. Eu preciso de duas salas de conferência.

   ____

   e. Por favor, não feche a porta.

   ____

2. Escreva os equivalentes em inglês completando o diagrama.

   a. reunião
   b. item
   c. relatório
   d. participante
   e. presidente da reunião
   f. minuta
   g. agenda

a				M							
b				E							
c				E							
d				T							
e				I							
f				N							
g				G							

3. Teste a sua memória escrevendo em inglês os termos abaixo:

   a. sala de reuniões ---→ ______________________________
   b. sala de conferências ---→ ______________________________
   c. festa de aniversário ---→ ______________________________
   d. coquetel ---→ ______________________________
   e. banquete ---→ ______________________________
   f. gravador ---→ ______________________________
   g. auditório ---→ ______________________________

EXPRESSÃO ÚTIL

I'm sorry, it's not available at the moment.
(Sinto muito, não está disponível no momento.)

13 ACTIONS IN THE FUTURE

AÇÕES NO FUTURO

ACTIONS IN THE FUTURE — Ações no futuro

Quando se deseja indicar uma ação que acontece no futuro, é importante conhecer as duas formas principais de expressar esse tempo verbal em inglês.

DECISIONS AND PROMISES — Decisões e promessas

Para indicar uma resolução tomada no momento em que se fala, ou uma promessa de fazer alguma coisa no futuro, a palavra will deverá ser usada antes do verbo principal. Veja a conjugação do verbo **to bring** *(trazer)* nas formas afirmativa, negativa e interrogativa.

I will bring *(Eu trarei)*
You will bring *(Você trará)*
He/She will bring *(Ele/Ela trará)*
We will bring *(Nós traremos)*
You will bring *(Vocês trarão)*
They will bring *(Eles/Elas trarão)*

TIP TIME

I will = I'll
You will = You'll
He will = He'll
She will = She'll
We will = We'll
You will = You'll
They will = They'll

Exemplos:

I **will bring** your folder immediately, madam. *(Trarei seu fichário imediatamente, senhora.)*

The manager **will bring** your invoice in a minute. *(O gerente trará sua fatura em um minuto.)*

Para negar alguma coisa no futuro, você poderá empregar will not (ou a forma abreviada won't, que é mais usada na conversação):

I won't bring *(Eu não trarei)*
You won't bring *(Você não trará)*
He/She won't bring *(Ele/Ela não trará)*
We won't bring *(Nós não traremos)*
You won't bring *(Vocês não trarão)*
They won't bring *(Eles/Elas não trarão)*

Exemplos:

The receptionist **won't bring** the mail. *(A recepcionista não trará a correspondência.)*

I **won't bring** my car. *(Eu não trarei meu carro.)*

Nas perguntas, coloca-se will no início da oração:

Will I bring? *(Eu trarei?)*
Will you bring? *(Você trará?)*
Will he/she bring? *(Ele/Ela trará?)*
Will we bring? *(Nós traremos?)*
Will you bring? *(Vocês trarão?)*
Will they bring? *(Eles/Elas trarão?)*

❖ Exemplos:

Will you **bring** the receipt? *(Vocês trarão o recibo?)*
Will they **bring** the invitations? *(Elas trarão os convites?)*

TIP TIME

Expressões que indicam ações no futuro:
tomorrow *(amanhã)*
the day after tomorrow *(depois de amanhã)*
next week (*semana que vem)*
next month *(mês que vem)*
next year *(ano que vem)*
in a few moments *(dentro de alguns momentos)*
in a few minutes *(dentro de alguns minutos)*
in a few days *(dentro de alguns dias)*

◆ FUTURE PLANS — Planos futuros

Existe outra maneira de indicar que uma ação acontecerá no futuro, especialmente quando tal ação foi planejada anteriormente. Nesse caso, você deverá expressar o futuro da seguinte maneira:

verbo to be + going to + verbo principal

Veja alguns exemplos:

He is going to arrive tomorrow. *(Ele vai chegar amanhã.)*
They are going to rent a mini-van tomorrow. *(Eles vão alugar uma minivan amanhã.)*
We are going to stay in Rio for two weeks. *(Nós vamos ficar no Rio por duas semanas.)*
I am going to work tonight. *(Eu vou trabalhar hoje à noite.)*

Para entender melhor como usar esse tempo verbal, observe a conjugação do verbo **to leave** *(partir)* nas formas afirmativa, negativa e interrogativa:

I am going to leave *(Eu vou partir)*
You are going to leave *(Você vai partir)*
He/She is going to leave *(Ele/Ela vai partir)*
We are going to leave *(Nós vamos partir)*
You are going to leave *(Vocês vão partir)*
They are going to leave *(Eles/Elas vão partir)*

❖ Exemplos:

The businessmen **are going to leave** the day after tomorrow. *(Os empresários vão partir depois de amanhã.)*
I **am going to leave** at seven o'clock. *(Eu vou partir às sete horas.)*

Nas frases negativas, coloca-se **not** depois do verbo **to be.**

I am not going to leave *(Eu não vou partir)*
You are not going to leave *(Você não vai partir)*
He/She is not going to leave *(Ele/Ela não vai partir)*
We are not going to leave *(Nós não vamos partir)*
You are not going to leave *(Vocês não vão partir)*
They are not going to leave *(Eles/Elas não vão partir)*

❖ Exemplos:

We **are not going to leave** for Brasília tomorrow night. *(Nós não vamos partir para Brasília amanhã à noite.)*
Mrs. Johnson **is not going to leave** tonight. *(A sra. Johnson não vai partir amanhã à noite.)*

Nas perguntas, o verbo **to be** é colocado no início da oração:

Am I going to leave? *(Eu vou partir?)*
Are you going to leave? *(Você vai partir?)*
Is he/she going to leave? *(Ele/Ela vai partir?)*
Are we going to leave? *(Nós vamos partir?)*
Are you going to leave? *(Vocês vão partir?)*
Are they going to leave? *(Eles/Elas vão partir?)*

❖ Exemplos:

Is Miss White **going to leave** next week? *(A srta. White vai partir na semana que vem?)*
Are you **going to leave** next Sunday? *(Você vai partir no domingo que vem?)*

COMPLAINTS AND APOLOGIES — Reclamações e desculpas

No trato com as pessoas, podem ocorrer diversos tipos de reclamação. Portanto, é importante que você saiba como desculpar-se de maneira correta e educada. A forma mais simples e mais usada é:

I'm sorry. *(Sinto muito.)*

Veja alguns exemplos de reclamações e os respectivos pedidos de desculpas:

There aren't enough catalogues. *(Não há catálogos suficientes.)*
I'm sorry. I'll see to it immediately. *(Sinto muito. Vou tratar disso imediatamente.)*

This file is too small. *(Este fichário é pequeno demais.)*
I'm sorry, sir. I'll get you another one. *(Sinto muito, senhor. Vou trazer-lhe outro.)*

There is a mistake in our order. *(Há um erro em nosso pedido.)*
I'm sorry, madam. I'll check it right away. *(Sinto muito, madame. Verificarei imediatamente.)*

The computer is not working. *(O computador não está funcionando.)*
I'm sorry, miss. I will contact the technician immediately. *(Sinto muito, senhorita. Vou contatar o técnico imediatamente.)*

TIP TIME

Conheça outras formas de pedir desculpas:

We're terribly sorry.
(Nós pedimos imensas desculpas.)
My apologies, sir.
(Minhas desculpas, senhor.)
I assure you that this will not happen again.
Isso não vai acontecer novamente.)
I sincerely apologize (for...).
(Peço desculpas [por...])
Please accept my apologies (for...).
(Por favor aceite minhas desculpas [por...])
It won't happen again.
(Isso não vai se repetir.)

✓ CHECK YOUR PROGRESS Avalie o seu aprendizado

1. Reescreva as frases mudando-as para a forma negativa:

a. I will work at night.
I won't work at night.

b. We will leave tomorrow.
____

c. The operator will bring more notepads.
____

d. The clients will stay for one week.
____

e. They will help you with the receipts.
____

2. Escreva em inglês:

a. Ele vai trazer suas mensagens em um minuto.
____

b. Eles vão chegar amanhã de manhã.
____

c. Vocês vão chegar amanhã?
____

d. Nós vamos partir dentro de alguns minutos.
____

3. Teste a sua memória. Escreva o significado dos termos abaixo:

a. today ➝ ____________________
b. tomorrow ➝ ____________________
c. yesterday ➝ ____________________
d. next week ➝ ____________________
e. last week ➝ ____________________
f. next month ➝ ____________________
g. next year ➝ ____________________
h. in a minute ➝ ____________________
i. tonight ➝ ____________________

EXPRESSÃO ÚTIL

I'll be right with you.
(Eu já volto.)

14 DESCRIBING PRODUCTS

DESCREVENDO PRODUTOS

DESCRIBING PRODUCTS — Descrevendo produtos

Se você tiver que apresentar os produtos de sua empresa a um cliente estrangeiro, será importante conhecer o vocabulário relativo a esse contexto. Veja a seguir alguns produtos que podem ser oferecidos por uma empresa. Outros produtos poderão ser encontrados no Banco de Palavras.

KINDS OF PRODUCTS — Tipos de produto

agricultural products *(produtos agrícolas)*
auto parts *(acessórios automotivos)*
ceramics *(artigos de cerâmica)*
chemicals *(produtos químicos)*
clothes *(roupas)*
electronics *(produtos eletrônicos)*
fashion *(moda)*
food *(comida/alimentos)*
footwear *(calçados)*
furniture *(mobiliário)*
leather goods *(produtos de couro)*
medical/surgical instruments *(intrumental médico/cirúrgico)*
metals *(metais)*
minerals *(minerais)*
musical instruments *(instrumentos musicais)*
precious/semi precious stones *(pedras preciosas/semipreciosas)*
textiles *(têxteis)*
wood *(madeira)*

MATERIALS — Materiais

Conheça algumas palavras que indicam de que as coisas são feitas:

acrylic *(acrílico)*
clay *(argila)*
copper *(cobre)*
cotton *(algodão)*
fabric *(tecido)*
glass *(vidro)*
gold *(ouro)*
ivory *(marfim)*
leather *(couro)*
metal *(metal)*
paper *(papel)*
plastic *(plástico)*
rubber *(borracha)*
silk *(seda)*
silver *(prata)*
stainless steel *(aço inoxidável)*
wood *(madeira)*
wool *(lã)*

COLORS Cores

Conheça as principais cores em inglês:

black *(preto)*
blue *(azul)*
brown *(marrom)*
gray *(cinza)*
green *(verde)*
pink *(rosa)*
purple *(roxo)*
red *(vermelho)*
white *(branco)*
yellow *(amarelo)*

TIP TIME

Para indicar tonalidades de uma cor, usam-se as palavras **light** *(claro)* e **dark** *(escuro)* antes da cor:
dark blue *(azul-escuro)*
light blue *(azul-claro)*

Eis algumas perguntas e respostas relativas à origem, às cores e ao material de que as coisas são feitas:

Where is it from? *(De onde é?)*
It's from China. *(É da China.)*
Where is it made? *(Onde é feito?)*
It's made in Brazil. *(É feito no Brasil.)*
What is it made of? *(De que é feito/feita?)*
It is made of plastic and rubber. *(É feito de plástico e borracha.)*
Is it made of wood? *(É feito de madeira?)*
What color is it? *(De que cor é?)*
What color are they? *(De que cor são?)*

SHAPES AND DIMENSIONS Formas e dimensões

Conheça as principais palavras relativas a formatos, dimensões ou medidas e pesos em inglês:

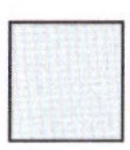
square *(quadrado)*

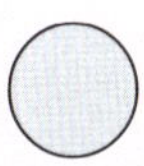
round *(redondo)*

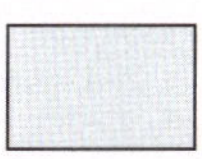
rectangular *(retangular)*

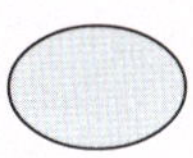
oval *(oval)*

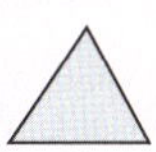
triangular *(triangular)*

centimeter *(centímetro)*
circumference *(circunferência)*
diameter *(diâmetro)*
gram *(grama)*
height *(altura)*
kilogram *(quilo)*
kilometer *(quilômetro)*
measures *(medidas)*
meter *(metro)*
milimeter *(milímetro)*
weight *(peso)*
width *(largura)*

Alguns exemplos de perguntas e respostas sobre os formatos dos produtos:

What shape is it? *(Qual é o formato?)*
It is round. *(Ele é redondo.)*
What is it used for? *(Para que é usado?)*
It is used for making... *(É usado/usada para fazer...)*
What are the dimensions? *(Quais são as medidas/dimensões?)*
What is the height of it? *(Qual é a sua altura?)*
It's forty-five centimeters high. *(A altura é de 45 centímetros.)*
What is the width of it? *(Qual é a largura disso?)*
It's twenty-five centimeters wide. *(A largura é de 25 centímetros.)*
How much does it weigh? *(Quanto pesa?)*
It weighs 3.5 kilograms. *(Pesa 3,5 quilos.)*

ADJECTIVES Adjetivos

As palavras que dão qualidade a alguma coisa são os adjetivos, que, em inglês, devem vir sempre antes da pessoa ou objeto descrito. Além disso, eles não mudam de forma quando acompanham palavras no plural. No quadro abaixo, você verá alguns adjetivos usados com mais freqüência e seus opostos:

good *(bom)* ↔ bad *(mau)*
new *(novo)* ↔ old *(velho)*
short *(curto)* ↔ long *(longo)*
big *(grande)* ↔ small *(pequeno)*

fast *(rápido)* ↔ slow *(vagaroso)*
light *(leve)* ↔ heavy *(pesado)*
hot *(quente)* ↔ cold *(frio)*
cool *(fresco)* ↔ warm *(morno)*

Exemplos:

This is a **new** product. *(Este é um produto novo.)*
That is the **old** model. *(Aquele é o modelo antigo.)*

EMPHASIZING A QUALITY Enfatizando uma qualidade

Quando quiser enfatizar uma qualidade, você poderá usar a palavra very *(muito)* antes do adjetivo.

The auditorium is **very big**. *(O auditório é muito grande.)*
This reception is **very clean**. *(Esta recepção é muito limpa.)*

Mas, para dizer que uma coisa é excessiva, use a palavra too *(demais)* antes do adjetivo:

This bag is **too heavy**. *(Esta sacola está pesada demais.)*
This product is **too expensive**. *(Este produto é caro demais.)*

COMPARING THINGS Comparando coisas

COMPARATIVES Comparativos

Veja agora como formar o comparativo em inglês.
De modo geral, para adjetivos curtos, com uma ou duas sílabas, acrescenta-se er ao adjetivo, mais a palavra than *(que/do que)*:

long ---> longer than *(mais comprido que/do que)*
cheap ---> cheaper than *(mais barato que/do que)*

Para adjetivos longos, com três ou mais sílabas, usa-se more antes do adjetivo e coloca-se depois dele a palavra than *(que/do que)*:

expensive ---> more expensive than *(mais caro que/do que)*
efficient ---> more efficient than *(mais eficiente que/do que)*

Para adjetivos monossílabos e dissílabos que terminam em y, troca-se o y por ier:

heavy ---> heavier than *(mais pesado que/do que)*
noisy ---> noisier than *(mais barulhento que/do que)*

TIP TIME

Alguns adjetivos modificam-se quando formam o comparativo:
good *(bom)* ---> **better than** *(melhor que/do que)*
bad *(mau)* ---> **worse than** *(pior que/do que)*

SUPERLATIVES Superlativos

Quando quiser dizer que uma coisa é "o máximo", você precisará usar o superlativo. Em geral, para adjetivos curtos, com no máximo duas sílabas, anteponha the e acrescente est ao adjetivo:

cheap ---> the cheapest *(o mais barato)*
small ---> the smallest *(o menor)*

Para adjetivos longos, com três ou mais sílabas, deverá antepor the most:

beautiful ---> the most beautiful *(o mais bonito)*
expensive ---> the most expensive *(o mais caro)*

Quando o adjetivo é monossílabo ou dissílabo e termina em y, mude a terminação para iest:

dirty ---> the dirtiest *(o mais sujo)*
ugly ---> the ugliest *(o mais feio)*

TIP TIME

Exceções: **good** e **bad** também mudam no superlativo.
good ---> **the best** *(o/a melhor)*
bad ---> **the worst** *(o/a melhor)*

✓ CHECK YOUR PROGRESS — Avalie o seu aprendizado

1. Complete os espaços com os adjetivos em inglês.

pequeno ---➔ _ _ A _ _
velho ---➔ _ _ D
J
novo ---➔ _ E _
frio ---➔ C _ _ _
rápido ---➔ _ _ _ T
leve ---➔ _ I _ _
pesado ---➔ _ _ _ V _
caro ---➔ _ _ _ E _ _ _ _ _
vagaroso ---➔ S _ _ _

2. Procure os nomes das cores em inglês e escreva-os nas linhas.

T E A T P U G K B G
F Y E R D Q W N L V
T N O C A Y G R A Y
P U R P L E B L C G
I D A R T L E W K T
N A N Y [B L U E] V G
K O G R E O A P N R
Y R E D B W H I T E
E B M E T U G R J E
L P S G R B R O W N
W Q S D F A F T E D

blue
____
____
____
____
____
____
____
____
____
____

EXPRESSÃO ÚTIL

Let's get down to business.
(Vamos direto ao assunto.)

15 DEALING WITH ORDERS
LIDANDO COM PEDIDOS

DEALING WITH ORDERS — Lidando com pedidos

Os pedidos para a compra e venda de produtos são procedimentos bastante comuns numa empresa. Veja o vocabulário básico relativo nesse contexto:

available/not available *(disponível/não-disponível)*
delivery *(entrega)*
insurance charges/costs *(taxas/custos de seguro)*
invoice *(nota/fatura)*
order *(pedido/encomenda)*
order confirmation *(confirmação do pedido)*
order number *(número do pedido)*
per parcel *(por pacote/volume)*
shipper *(expedidor/remetente)*
shipping *(remessa/embarque)*
shipping agent *(agente marítimo)*
shipping charges/costs *(taxas/custos de remessa)*
shipping instructions *(instruções de remessa)*

Conheça alguns verbos usados nessas transações:

to check an invoice *(verificar uma fatura)*
to order supplies *(pedir suprimentos/provisões)*
to receive goods *(receber as mercadorias)*
to send a proof of shipment *(mandar comprovante de remessa)*
to ship goods *(remeter mercadorias)*
to take an order over the phone *(receber encomenda por telefone)*
to take a credit card order *(receber pedido por cartão de crédito)*

Entre as expressões mais comuns empregadas nessas transações comerciais, estão:

Please send us the under mentioned goods. *(Por favor, enviem-nos os itens abaixo mencionados.)*
Delivery will be made by... *(A entrega será feita por volta de...)*
Our dispatch department is processing your order. *(Nossa expedição está processando seu pedido.)*
Our order no. 12.537 has not yet been delivered. *(Nosso pedido nº 12.537 ainda não foi despachada.)*

Please confirm receipt of the order. *(Por favor, confirme o recebimento do pedido.)*
The goods are no longer in stock/available/out of stock. *(As mercadorias não estão mais disponíveis no nosso estoque.)*
We are pleased to acknowledge your order of January 16th. *(Temos o prazer de confirmar o recebimento do seu pedido de 16 de janeiro.)*
We are pleased to place an order with you for seventy IBM computers. *(Temos o prazer de efetuar um pedido de 70 computadores IBM.)*
We would like to cancel our order no. 654301. *(Gostaríamos de cancelar nosso pedido nº 654301.)*
We will require two weeks to process your order. *(Solicitaremos duas semanas para processar seu pedido.)*

◆ THE ORDER FORM — O formulário de pedido

Veja um exemplo de formulário de pedido:

dbs

ORDER FORM
(formulário de pedido)

customer's name *(nome do cliente)* ______

customer no. *(número do cliente)* ______

order no. *(número do pedido)* ______

address *(endereço)* ______

country *(país)* ______ **postal code** *(código postal)* ______

number of items *(número de itens)* ______

description of merchandise *(descrição do produto)*

______

method of payment *(forma de pagamento)* ______

terms of payment agreed *(prazo de pagamento acordado)* ______

method of payment agreed *(forma de pagamento acordada)* ______

payment due *(vencimento)* ______

DIÁLOGO PRÁTICO

A DBS Publishers. How may I help you?
B I'm Bill Sanders from Beta Bookstores. Can I put in an order, please?
A Of course, just a moment. Let me pick up the order form. What would you like?
B I'd like to order twenty of your *Brazilian Tourism* books. Are they still available?
A Yes, they are. Delivery will be made by the day after tomorrow. How are you going to pay?
B By credit card. Can I send you the card details by e-mail?
A Yes, please. My email is sgsoares@dbs.com.br. Your order number is 2689.
B Thank you very much.
A You are welcome.

GIVING OUTDOOR DIRECTIONS — Dando orientações externas

Há casos em que os clientes precisam de orientações sobre lugares fora da empresa, para alguma compra ou visita a algum lugar específico. As perguntas sobre esse lugares podem ser feitas da seguinte maneira:

Where is...? *(Onde fica...?)*
How do I get to...? *(Como eu chego a...?)*
Is there a... near here? *(Há um/uma... perto daqui?)*

Exemplos:

Where is the post office? *(Onde fica a agência de correio?)*
How do I get to the bank? *(Como eu chego ao banco?)*
Is there a travel agency **near here?** *(Há alguma agência de viagens aqui perto?)*

TIP TIME

art gallery *(galleria de arte)*
bank *(banco)*
bookstore *(livraria)*
drugstore *(drogaria)*
hospital *(hospital)*
movie theater *(cinema)*
museum *(museu)*
post office *(correio)*
restaurant *(restaurante)*
subway station *(estação de metrô)*
supermarket *(supermarket)*
travel agency *(agência de viagens)*

Veja algumas expressões usadas para dar orientações externas:

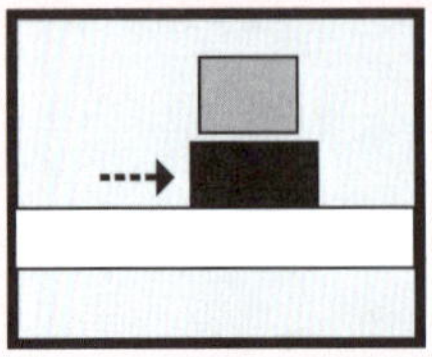

in front of
(na frente de)

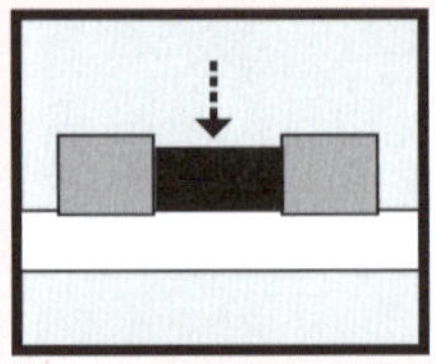

between
(entre)

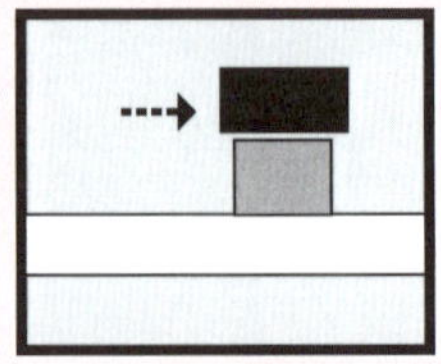

behind
(atrás de)

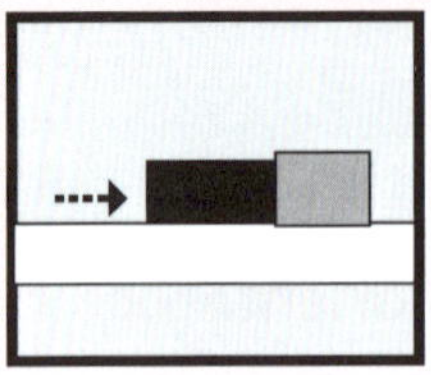

next to
(ao lado de)

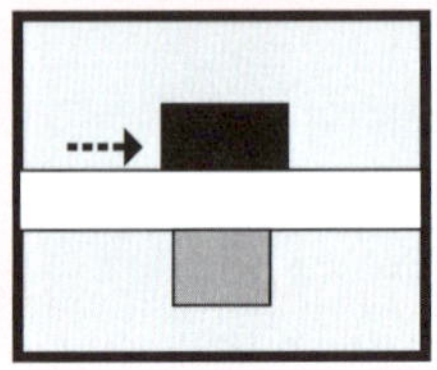

across from
(do outro lado)

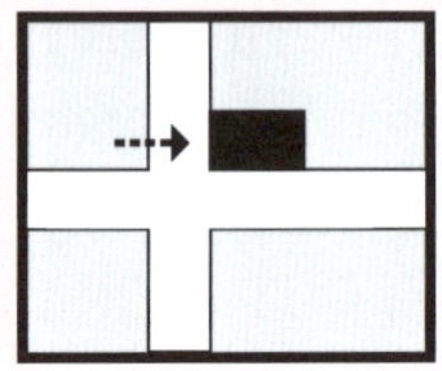

on the corner
(na esquina)

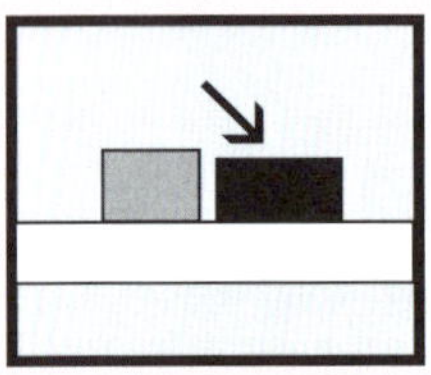

on the right
(à direita)

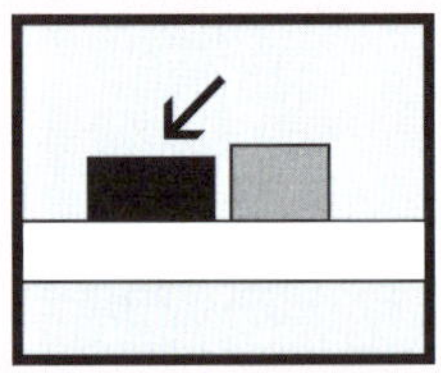

on the left
(à esquerda)

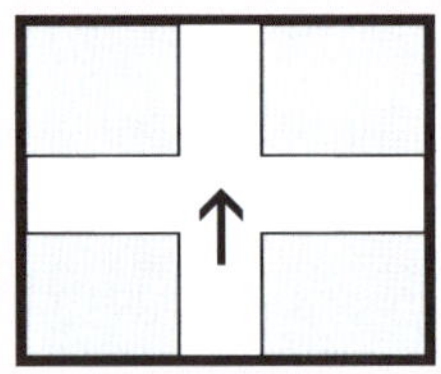

go down
(siga pelo/a)

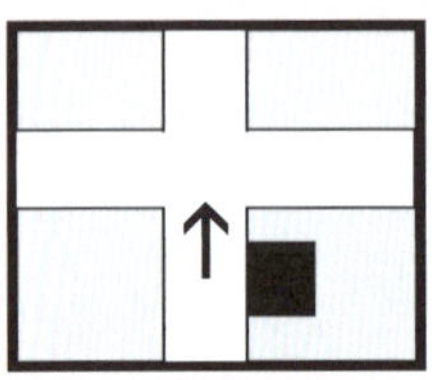

pass the
(passe o/a)

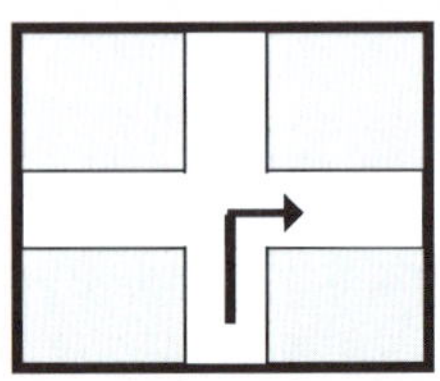

turn right
(vire à direita)

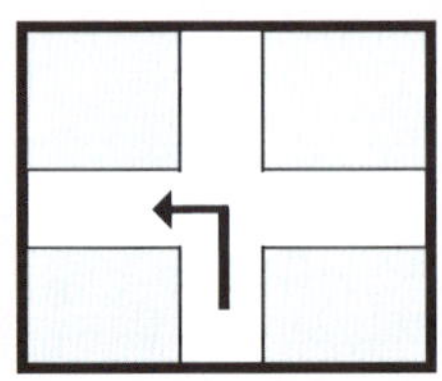

turn left
(vire à esquerda)

DIÁLOGO PRÁTICO

A Excuse me. How do I get to the subway station?
B Go down this street. Turn left and walk down a block. The subway station is on the corner, next to the bank.
A Thank you very much.
B You are welcome.

✓ CHECK YOUR PROGRESS Avalie o seu aprendizado

1. Complete o quadro com os equivalentes das palavras em inglês:

a. supermercado	
b. agência de viagens	
c. banco	
d. correio	
e. cinema	
f. drogaria	
g. restaurante	
h. livraria	

2. Complete o formulário de pedido com os equivalentes das palavras em inglês:

formulário de pedido ---→ ______________________

nome do cliente ---→ ______________________

número do cliente ---→ ______________________

número do pedido ---→ ______________________

endereço ---→ ______________________

país ---→ ______________________

código postal ---→ ______________________

número de itens ---→ ______________________

descrição do produto ---→ ______________________

forma de pagamento ---→ ______________________

vencimento ---→ ______________________

EXPRESSÃO ÚTIL

Thank you for your prompt reply.
(Agradeço sua pronta resposta.)

16 DEALING WITH CLIENTS
LIDANDO COM CLIENTES

DEALING WITH CLIENTS — Lidando com clientes

BEING POLITE — Sendo educado

No contato com os clientes estrangeiros, é importante saber dirigir-se a eles de forma educada e amigável, levando em conta as diferenças culturais. Veja algumas expressões:

It's nice to see you again. *(É ótimo vê-lo/la novamente.)*
Did you have a good trip? *(Fez boa viagem?)*
How was your flight? *(Como foi o seu vôo?)*
Could you speak a little more slowly? *(Poderia falar um pouco mais devagar?)*
Sorry, I don't understand. *(Desculpe, eu não entendo.)*
Sorry, can you repeat that? *(Desculpe, poderia repetir isso?)*
Sorry, I didn't hear the question. *(Desculpe, não entendi a pergunta.)*
Sorry, can I say something? *(Desculpe, posso dizer uma coisa?)*
Sorry, I don't really agree. *(Desculpe, mas realmente não concordo.)*
I'd like to hear your suggestions. *(Gostaria de ouvir suas sugestões.)*
Thanks for all your help. *(Obrigada por toda a sua ajuda.)*
Have a good flight back to... *(Tenha um bom vôo de volta para...)*

GIVING ADVICE — Fazendo recomendações

Muita vezes, os clientes estrangeiros desconhecem a cultura, os costumes e as circunstâncias específicas do nosso país. Por essa razão, é importante que os funcionários de uma empresa estejam preparados para, quando solicitados, darem algumas recomendações e advertências.

De modo geral, quando você quiser dar um conselho em inglês, use should *(deveria)* ou shouldn't *(não deveria)*:

You **should** put all your valuables in the hotel safe deposit box. (*O senhor/A senhora deveria pôr todos os seus objetos de valor no cofre do hotel.*)
You **shouldn't** eat spicy food. *(O senhor não deveria comer comida condimentada.)*

Outra forma de advertir é usar o imperativo afirmativo e o negativo:

Look around before entering your car. *(Olhe em volta antes de entrar no carro.)*
Don't leave anything valuable in the car. *(Não deixem nada de valor no carro.)*

O condicional com if também pode ser usado para aconselhar:

If you go out at night, don't take valuables with you. *(Se sair à noite, não leve nada de valor com você.)*

If you like waterfalls, go to Foz do Iguaçu. *(Se você gosta de cachoeiras, vá para Foz do Iguaçu.)*

Para dizer que alguém não precisa fazer alguma coisa você pode usar don't have to ou don't need to:

You **don't have to** wear a business suit. *(O senhor não precisa usar terno.)*

You **don't need to** attend this meeting. *(O senhor/A senhora não precisa participar dessa reunião.)*

ACCEPTING AND REFUSING — Aceitando e recusando

Veja como você pode se expressar para aceitar e recusar algum pedido:

That sounds good. *(Está ótimo.)*

Yes, it's OK with me. *(Sim, está ótimo para mim.)*

I'm afraid I can't. *(Sinto muito, mas não posso.)*

Sorry, but I can't. *(Desculpe, mas não posso.)*

Sorry, but I'm fully booked this week. *(Desculpe, mas estou ocupado/a esta semana.)*

GIVING REASONS — Dando explicações

Quando quiser pedir uma explicação, o cliente usará a expressão

Why...? *(Por que...?)*

Exemplo:

Why is the report incomplete? *(Por que o relatório está incompleto?)*

Para dar uma explicação, deve-se dizer

Because... *(Porque...)*

Exemplo:

Because there is a problem with the printer, sir. *(Porque há um problema com a impressora, senhor.)*

PROPOSING A BUSINESS MEETING — Propondo uma reunião de negócios

Para marcar uma reunião de negócios, você poderá usar uma das expressões abaixo:

Why don't we meet on Tuesday? *(Por que não nos encontramos na terça-feira?)*

How about on Thursday morning? *(Que tal na quinta de manhã?)*

What about lunch/dinner on Wednesday? *(Que tal um almoço/jantar na quarta-feira?)*

What day is good for you? *(Que dia é bom para o senhor/a senhora?)*

Why don't we meet at the restaurant? *(Por que não nos encontramos no restaurante?)*

DEALING WITH HEALTH PROBLEMS — Lidando com problemas de saúde

MAIN HUMAN BODY PARTS — Principais partes do corpo humano

Os clientes podem ter necessidade de remédios ou mesmo de um médico ou dentista. Se você tiver de auxiliar alguém com alguma dor ou problema físico, será bom conhecer algumas partes do corpo humano.

THE BODY *(O CORPO)*

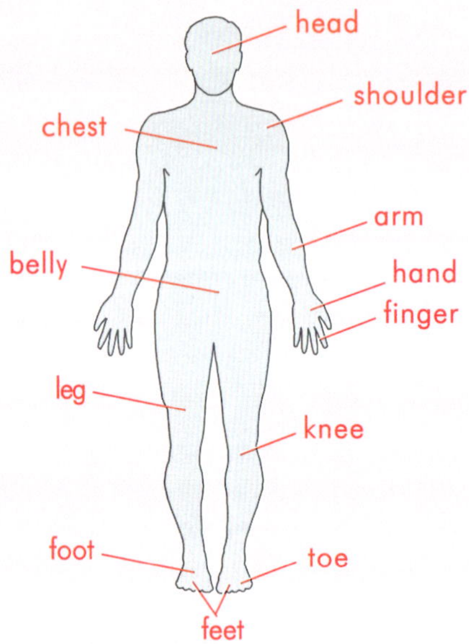

THE FACE *(O ROSTO)*

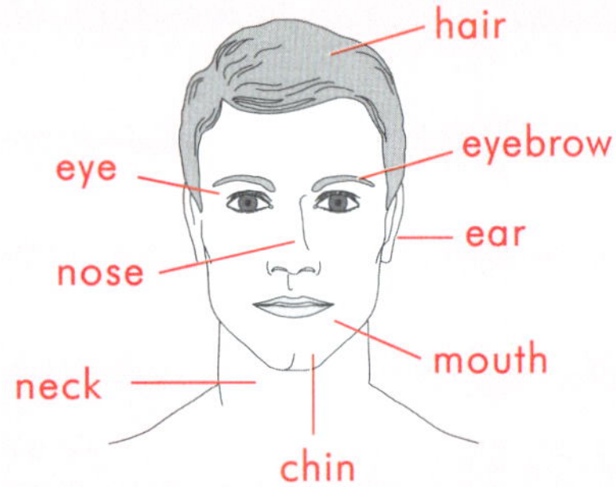

COMMON SYMPTOMS — Sintomas comuns

Eis alguns sintomas mais comuns relacionados a problemas de saúde:

back pain *(dor nas costas)*
chest pain *(dor no peito)*
cold *(resfriado)*
cough *(tosse)*
fever/temperature *(febre)*
headache *(dor de cabeça)*
indigestion *(indigestão)*
sore throat *(dor de garganta)*
stomachache *(dor de estômago/barriga)*

Quando se fala de problemas de saúde, algumas perguntas e expressões mais usadas são:

What's the matter? *(Qual é o problema?)*
What do you feel? *(O que você sente?)*
How do you feel? *(Como você se sente?)*
What are your symptoms? *(Quais são os sintomas?)*
What happened? *(O que aconteceu?)*
Can you get me a doctor/a dentist? *(Pode me arranjar/conseguir um médico/dentista?)*
I am ill/I feel sick. *(Estou doente.)*
I have a headache. *(Estou com dor de cabeça.)*
My stomach is out of order. *(Meu estômago está desarranjado.)*
I sprained my leg. *(Eu torci a perna.)*

MEDICINE Remédios

Conheça os nomes dos remédios mais comuns que devem fazer parte estojo de primeiros socorros de uma empresa:

aspirin *(aspirina)*
antacid *(antiácido)*
burn ointment *(pomada contra queimaduras)*
decongestant *(descongestionante)*
desinfectant *(desinfetante)*
digestive tablet *(comprimido digestivo)*
drops *(gotas)*
eye drops *(colírio)*
injection *(injeção)*
medicated lozenges *(pastilhas para alívio da garganta)*
painkiller *(analgésico)*
tablet/pill *(comprimido)*

TIP TIME

first-aid kit *(estojo de primeiros socorros)*
bandage *(atadura)*
cotton *(algodão)*
sticking plaster *(esparadrapo)*
thermometer *(termômetro)*

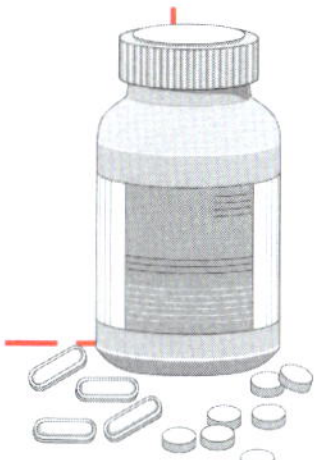

✓ CHECK YOUR PROGRESS Avalie o seu aprendizado

1. Escreva os nomes destas doenças em inglês:
   a. dor de cabeça ⇢ ______
   b. indigestão ⇢ ______
   c. dor nas costas ⇢ ______
   d. dor de garganta ⇢ ______
   e. resfriado ⇢ ______
   f. dor de estômago ⇢ ______

2. Agora escreva os nomes dos remédios abaixo:
   a. colírio ⇢ ______
   b. analgésico ⇢ ______
   c. aspirina ⇢ ______
   d. antiácido ⇢ ______
   e. descongestionante ⇢ ______

3. Escreva os nomes das partes do corpo em inglês:
   a. cabeça ⇢ ______
   b. braço ⇢ ______
   c. perna ⇢ ______
   d. mão ⇢ ______
   e. pé ⇢ ______
   f. dedos da mão ⇢ ______

4. Escreva em inglês:
   a. Poderia falar um pouco devagar?
   ______
   b. Desculpe, não entendo.
   ______
   c. Obrigada pela sua ajuda.
   ______
   d. Sinto muito, mas não posso.
   ______

EXPRESSÃO ÚTIL

I'm sorry to hear that.
(Lamento ouvir isso.)

17 SPECIAL SERVICES

SERVIÇOS ESPECIAIS

SPECIAL SERVICES — Serviços especiais

Há serviços especiais que podem ser utilizados para atender tanto às necessidades dos clientes estrangeiros como às dos funcionários de uma empresa em viagem ao exterior. Os mais conhecidos são:

flights reservations *(reserva de vôos)*
hotel reservations *(reserva de hotéis)*
car rental *(aluguel de carro)*
tourism information *(informações de turismo)*
booking tickets service *(serviço de reserva de ingressos)*

HOTEL RESERVATIONS — Reserva de hotéis

Ao fazer uma reserva em hotel, a expressão mais usada é:

I'd like to reserve a... room for... nights, please. *(Gostaria de reservar um quarto... por...noites, por favor.)*

Exemplo:

I'd like to reserve a double room for three nights, please. *(Eu gostaria de reservar um quarto de casal por três noites, por favor.)*

KINDS OF ACCOMMODATION — Tipos de acomodação

Os tipos mais conhecidos de acomodação são:

bed and breakfast *(quarto com café-da-manhã)*
boarding house *(pensão)*
bungalow *(chalé)*
flat *(hotel-residência)*
hostel *(albergue)*
hotel *(hotel)*
inn *(pousada)*
youth hostel *(albergue para jovens)*

TIP TIME

A classificação dos hotéis é feita mediante **stars** *(estrelas)*.
No exterior, o número máximo é de seis estrelas:
a five stars hotel *(um hotel cinco-estrelas)*
a three stars hotel *(um hotel três-estrelas)*

KINDS OF HOTEL ROOMS — Tipos de quarto de hotel

Estes são os principais tipos de quartos, com algumas características especiais:

room *(quarto)*
standard *(standard/comum)*
luxury *(quarto de luxo)*
suite *(suíte)*
executive suite *(suíte executiva)*
single room *(quarto de solteiro)*
double room *(quarto de casal)*
triple *(quarto tríplice)*
quadruple *(quarto quádruplo)*
adjoining rooms *(quartos contíguos)*
interconnecting rooms *(quartos com comunicação)*
ocean front *(de frente para o mar)*
with bath and a shower *(com banheira e ducha)*
with a sea view *(com vista para o mar)*
with a garden view *(com vista para o jardim)*
with a balcony *(com terraço)*

Veja algumas perguntas e respostas para saber as preferências sobre a acomodação:

What kind of room would you like? *(De que tipo de acomodação gostaria?)*
I'd like a single room. *(Gostaria de um quarto de solteiro.)*
Would you like a luxury room or an executive suite? *(Gostariam de um quarto de luxo ou de uma suíte executiva?)*

TIP TIME

Conheça os principais tipos de cama encontrados nos hotéis:

single bed *(cama de solteiro)*
twin beds *(camas separadas de solteiro)*
double bed *(cama de casal normal ou queen size/king size)*
extra bed/spare bed *(cama extra)*
sleeping couch *(sofá-cama)*

ROOM FACILITIES FOR EXECUTIVES — Comodidades de quartos para executivos

room office *(escritório no quarto)*
Internet access *(acesso à Internet)*
fast track Internet *(Internet de acesso imediato)*
data port access *(acesso dataport)*
safe deposit box *(cofre de segurança)*

Para saber quais as conveniências para executivos oferecidas pelos hotéis, eis um diálogo possível:

What are the room facilities for executives? *(Quais são as comodidades para executivos que o quarto oferece?)*
There is a room office. *(Há um escritório no quarto.)*
Is there a fast track Internet access? *(Há acesso imediato à Internet?)*
Yes, there is. *(Sim, há.)*/No, there isn't. *(Não, não há.)*

BOOKING TICKETS SERVICE — Serviço de reserva de ingressos

A reserva de ingressos para shows, peças teatrais ou eventos esportivos pode ser solicitada pelos clientes estrangeiros. Conheça o vocabulário básico para atender as solicitações nesse tipo de serviço.

to book/to reserve *(reservar)*
advance booking *(reserva com antecedência)*
booking office *(agência de reservas)*
tickets available *(ingressos disponíveis)*
sold out *(lotado)*
pop concert *(concerto de rock)*
sporting events *(eventos esportivos)*
soccer match *(partida de futebol)*
stadium *(estádio)*
play *(peça)*
musical *(musical)*
opera *(ópera)*
recital *(recital)*

TIP TIME

theater *(teatro ou cinema)*
seat *(assento)*
stage *(palco)*
circle *(balcão)*
box *(camarote)*
row *(fila)*
stall *(primeira fila)*

DIÁLOGO PRÁTICO

A Excuse me. Where can I get tickets for the theater?
B What kind of performance would you like to see?
A I like musicals. What's on? Are there any tickets available for tomorrow night?
B I'll contact the booking office and let you know. How many seats?
A Two front seats in the stall, if possible.

TOURISM INFORMATION — Informações turísticas

Entre os serviços que as empresas podem oferecer a seus clientes estrangeiros, estão informações sobre excursões e passeios locais, que podem ser adquiridos de agências de turismo. Se você for questionado sobre esse tópico, será importante que conheça algumas palavras relacionadas:

brochure *(folheto)*
excursion/tour *(excursão)*
excursions information *(informações sobre excursões)*
meals included *(refeições incluídas)*
sightseeing *(excursões menores, geralmente locais)*
tour guide *(guia de turismo)*
to book an excursion *(reservar uma excursão)*

KINDS OF EXCURSIONS — Tipos de excursão

Os principais tipos de excursão que podem ser oferecidos são:

city tour *(excursão pela cidade)*
guided tour *(excursão com guia)*
historical tour *(excursão histórica)*
walking tour *(excursão a pé)*
customized tour *(excursão personalizada)*
ecotourism *(ecoturismo)*

TOUR DURATION — Duração da excursão

Conheça palavras relacionadas à duração das excursões:

daily *(diariamente)*
weekly *(semanalmente)*
monthly *(mensalmente)*
half day tour *(excursão de meio dia)*
departure *(partida)*
arrival *(chegada)*

TIP TIME

by day *(de dia)*
by night *(à noite)*
night life *(vida noturna)*

Alguns exemplos de perguntas e respostas relativas a esse tópico:

What kind of tours do you have? *(Que tipos de excursão vocês têm?)*
We have the following tours... *(Nós temos os seguintes tipos de excursão...)*
What are we going to visit? *(O que vamos visitar?)*
You are going to visit the city center. *(Vocês visitarão o centro da cidade.)*
What is the tour duration? *(Qual é a duração da excursão?)*
The tour starts at 9:00 a.m. and ends at 5:00 p.m. *(A excursão começa às nove da manhã e termina às cinco da tarde.)*
It takes eight hours. *(Leva oito horas.)*
When does the bus leave? *(Quando parte o ônibus?)*
It leaves at eight o'clock. *(Ele parte às oito horas.)*
How much is the tour? *(Quanto custa a excursão?)*
The tour costs one hundred and fifty reais per person. *(A excursão custa R$ 150,00 por pessoa.)*

✓ CHECK YOUR PROGRESS Avalie o seu aprendizado

1. Complete o quadro com os tipos de quarto em inglês:

Tipos de quarto	Kinds of rooms
de solteiro	
duplo	
triplo	
suíte executiva	
comum	
com terraço	
de luxo	

2. Complete o quadro com as palavras em inglês, de acordo com o quadro:

a. excursão pela cidade ---→
b. ecoturismo ---→
c. excursão com guia ---→
d. folheto ---→
e. excursão a pé ---→
f. excursão personalizada ---→
g. guia de turismo ---→

3. Escreva em inglês:

a. Eu quero um quarto de solteiro.

____

b. Que tipo de excursão vocês têm?

____

c. O sr. Jones quer um quarto de frente para o mar.

____

d. Nós queremos uma excursão pela cidade.

____

EXPRESSÃO ÚTIL

I'll do my best.
(Farei o possível.)

18 SPECIAL SERVICES II

SERVIÇOS ESPECIAIS II

CAR RENTAL — Aluguel de carros

Caso você tenha que providenciar o aluguel de carros, será importante conhecer algumas palavras e expressões relacionadas a esse tópico.

to book a car *(reservar um carro)*
to rent a car *(alugar um carro)*
make *(marca)*
daily rate *(tarifa diária)*
driver's license *(carta de motorista)*
length of rent *(duração do aluguel)*
mileage *(quilometragem)*
unlimited mileage *(quilometragem livre)*
full coverage *(seguro total)*

TIP TIME

CDW (collision damage waiver)
(seguro opcional com cobertura contra terceiros)

TYPES AND SIZES OF CARS — Tipos e tamanhos de carro

A escolha de um carro é feita pelos clientes levando em consideração a economia de combustível, o tamanho do veículo e o espaço para a bagagem. Os tipos mais conhecidos, de acordo com essas características, são:

economy *(econômico)*
compact *(compacto)*
mid-size *(tamanho médio)*
full size *(tamanho normal)*
convertible *(conversível)*
station wagon *(perua)*
luxury *(carro de luxo)*
mini-van *(minivan)*

CAR FACILITIES — Comodidades que os carros oferecem

Às vezes, os clientes fazem certas exigências com relação ao conforto que os carros oferecem. De modo geral, as comodidades ou acessórios disponíveis são:

automatic gearshift *(câmbio automático)*
semi-automatic gearshift *(câmbio semi-automático)*
manual gearshift *(carro manual)*
air conditioning *(ar condicionado)*
radio/record/CD player *(radio/toca-fitas/CD)*
electric roof *(teto solar)*
air bag protection *(air bag)*
baby car seat *(assento para bebê)*

Veja alguns exemplos de solicitação de aluguel de carros:

I would like to rent a car. *(Eu gostaria de alugar um carro.)*
What kind of car would you like? *(De que tipo de carro o senhor/a senhora gostaria?)*
I would like a compact. *(Eu gostaria de um compacto.)*
For how long? *(Por quanto tempo?)*
For two days/a week. *(Por dois dias/uma semana.)*
I need the car from Monday to Friday. *(Eu preciso do carro de segunda a sexta-feira.)*
What is the car make? *(Qual é a marca do carro?)*
What are the car facilities? *(Quais as comodidades do carro?)*
What are the daily rates? *(Quais são as tarifas diárias?)*
What kind of insurance does it include? *(Que tipo de seguro está incluído?)*
Where would you like to pick up the car? *(Onde gostaria de apanhar o carro?)*
Where would you like to drop the car? *(Onde gostariam de devolver o carro?)*

DIÁLOGO PRÁTICO

A Excuse me, sir.
B Yes? May I help you?
A I would like to rent a car.
B What kind of car would you like?
A I would like a compact. What are the daily rates?
B It varies from eighty to one hundred and forty reais daily. It depends on the car facilities.
A What are the makes?
B They may be a Fiat, GM or VW.
A Could I pick it up here and drop it at the airport?
B Certainly, sir.

FLIGHTS RESERVATIONS — Reserva de vôos

A reserva ou confirmação de passagens aéreas pode ocorrer em dois casos: quando você tiver que fazê-lo no exterior ou quando o cliente estrangeiro solicitar sua ajuda aqui no Brasil. Em ambos os casos, é importante saber os dados necessários para o bom cumprimento da tarefa.
Veja algumas expressões relacionadas:

to book a flight *(reservar um vôo)*
to make a flight reservation *(fazer uma reserva de vôo)*
to make a flight cancellation *(cancelar um vôo)*
to make a flight confirmation *(confirmar um vôo)*
to miss the flight *(perder o vôo)*
to book a seat *(reservar um assento/lugar)*
seating preference *(preferência por assento)*
number of passengers *(número de passageiros)*
check-in time *(horário do check-in)*

AIRLINE TICKETS — Passagens aéreas

Conheça algumas palavras relacionadas a passagens aéreas:

airline company *(companhia aérea)*
flight ticket *(passagem aérea)*
flight fare *(tarifa de vôo)*
departure date *(data da partida)*
arrival date *(data da chegada)*
time of flight *(hora do vôo)*
return trip *(viagem de ida e volta)*
one way *(só ida ou só volta)*
direct/non-stop flight *(vôo direto)*
first class *(primeira classe)*
executive class *(classe executiva)*
economy class *(classe econômica)*

TIP TIME

adults *(adultos)*
baby *(bebê)*
child *(criança)*
children *(crianças)*

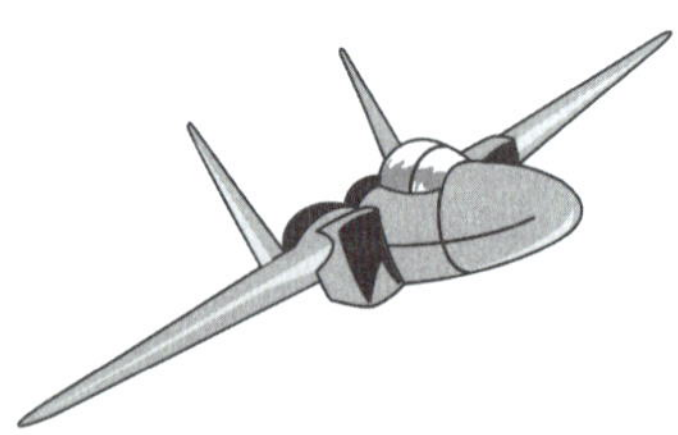

Exemplos das expressões mais usadas pelos clientes para seus pedidos:

I'd like to book a return flight to Manaus on May 8th. *(Gostaria de reservar um vôo de ida e volta para Manaus no dia 8 de maio.)*
I'd like to confirm my flight. *(Gostaria de confirmar meu vôo.)*
When is the next flight to Manaus? *(Quando é o próximo vôo para Manaus?)*
How much is a return flight to Rio? *(Quanto é um bilhete de ida e volta para o Rio?)*
Are there direct flights to Recife? *(Há vôos diretos para Recife?)*

DIÁLOGO PRÁTICO

A Good morning. May I help you?
B Yes, I'm going to travel to Recife. I'd like to book a flight.
A Yes, sir. When would you like to travel?
B On Thursday evening.
A One way or return?
B Return.
A How many persons?
B Two adults and one child.
A First class or economy?
B Economy.
A Could you wait a minute? I'll check availability.
B Certainly. Thank you very much.

MAILING SERVICES — Serviços de postagem

Caso o cliente estrangeiro solicite o despacho de cartas, cartões postais, ou mesmo a remessa de algum pacote, conheça algumas palavras relativas à esse serviço:

address *(endereço)*
addressee *(destinatário)*
free shipping *(remessa grátis)*
mail *(correspondência)*
package *(pacote, embrulho)*
(to) post/mail *(enviar pelo correio)*
postage *(porte, franquia postal)*
postcard *(cartão postal)*
post free *(isento de porte ou franquia postal)*
postage paid *(porte pago)*
postal charges *(tarifas postais)*
postal order *(vale postal)*
ZIP/postcode *(código postal)*
sender *(remetente)*
stamp *(selo)*

TIP TIME

Tipos de remessa:
express mail *(correspondência expressa)*
priority mail *(correspondência prioritária)*
economy mail *(correspondência econômica)*
parcel post *(serviço de encomendas postais)*
air mail *(correspondência aérea)*
insured mail *(correspondência segurada)*
registered mail *(correspondência registrada)*

✓ CHECK YOUR PROGRESS Avalie o seu aprendizado

1. Complete o diálogo com palavras do quadro:

Sunday adult book thank first return one ~~help~~ you

A Good evening. May I ___help___ you?

B Yes, I'd like to __________ a flight.

A Yes, sir. When would __________ like to travel?

B On __________ evening.

A __________ way or __________ ?

B Return.

A How many persons?

B Only one __________ .

A __________ class or economy?

B Economy.

A OK. Just a minute, please.

B __________ you.

2. Escreva os nomes destas comodidades de carro em inglês:

a. ar condicionado → __________

b. câmbio manual → __________

c. câmbio automático → __________

d. assento para bebê → __________

e. teto solar → __________

f. toca-CD → __________

EXPRESSÃO ÚTIL

I'll check availability.
(Vou verificar a disponibilidade.)

19 ACTIONS IN THE PAST

AÇÕES NO PASSADO

ACTIONS IN THE PAST — Ações no passado

Em inglês, há várias formas de indicar ações no passado. Agora, você aprenderá a usar o passado simples. Para saber usar corretamente os verbos no passado, você precisará memorizá-los.

REGULAR VERBS — Verbos regulares

Os verbos no passado podem ser regulares ou irregulares.
Os verbos regulares são aqueles em que o passado é formado acrescentando-se um **ed** ou **d** ao fim do verbo. Veja como ficam alguns verbos regulares no passado:

to ask *(perguntar)* ---→ asked
to answer *(responder)* ---→ answered
to cancel *(cancelar)* ---→ cancelled
to stay *(permanecer/ficar)* ---→ stayed
to wait *(esperar)* ---→ waited
to talk *(falar/conversar)* ---→ talked
to introduce *(apresentar)* ---→ introduced
to order *(ordenar/pedir)* ---→ ordered
to want *(querer)* ---→ wanted

TIP TIME

Aos verbos regulares que terminam em e, acrescenta-se apenas um **d**:
arrive ---→ **arrived**
like ---→ **liked**
receive ---→ **received**

Veja como elaborar frases afirmavas no passado, usando como exemplo o verbo to work *(trabalhar)*, que é também um verbo regular.

I worked *(Eu trabalhei)*
You worked *(Você trabalhou)*
He/She worked *(Ele/Ela trabalhou)*
We worked *(Nós trabalhamos)*
You worked *(Vocês trabalharam)*
They worked *(Eles trabalharam)*

❖ Exemplo:

He **worked** yesterday. *(Ele trabalhou ontem.)*

Na formação de frases negativas no passado simples, usa-se **didn't** ou **did not,** e o verbo fica sem a terminação **ed** ou **d**.

I didn't work *(Eu não trabalhei)*
You didn't work *(Você não trabalhou)*
He/She didn't work *(Ele/Ela não trabalhou)*
We didn't work *(Nós não trabalhamos)*
You didn't work *(Vocês não trabalharam)*
They didn't work *(Eles/Elas não trabalharam)*

❖ Exemplo:

He **didn't work** yesterday. *(Ele não trabalhou ontem.)*

Nas perguntas sobre ações no passado, o **did** vai para o começo da frase, e novamente o verbo é usado sem a terminação **ed** ou **d**.

Did I work? *(Eu trabalhei?)*
Did you work? *(Você trabalhou?)*
Did he/she work? *(Ele/Ela trabalhou?)*
Did we work? *(Nós trabalhamos?)*
Did you work? *(Vocês trabalharam?)*
Did they work? *(Eles/Elas trabalharam?)*

❖ Exemplo:

Did he **work** yesterday? *(Ele trabalhou ontem?)*

TIP TIME

As principais palavras que indicam ações no passado são:
yesterday *(ontem)*
the day before yesterday *(anteontem)*
last week *(na semana passada)*
last month *(no mês passado)*
last year *(no ano passado)*
minutes ago *(minutos atrás)*
moments ago *(momentos atrás)*
Exemplos:
Mr. Hilton arrived **last night.** *(O sr. Hilton chegou ontem à noite.)*
I received this e-mail **last week.** *(Recebi este e-mail na semana passada.)*

SHORT ANSWERS Respostas curtas

Para dar respostas curtas no passado, você pode dizer:

Yes, I did. ou No, I didn't.

Exemplos:

Did you arrive last night? *(Você chegou ontem à noite?)*
Yes, I did. *(Sim, cheguei.)* ou **No, I didn't.** *(Não, não cheguei.)*
Did they stay at the hotel in Fortaleza? *(Eles ficaram em hotel em Fortaleza?)*
Yes, they did. *(Sim, ficaram.)* ou **No, they didn't.** *(Não, não ficaram.)*
Did the manager work last week? *(O gerente trabalhou na semana passada?)*
Yes, he did. *(Sim, trabalhou.)* ou **No, he didn't.** *(Não, não trabalhou.)*
Did you cancel the meeting last night? *(Vocês cancelaram a reunião ontem à noite?)*
Yes, we did. *(Sim, cancelamos.)* ou **No, we didn't.** *(Não, não cancelamos.)*

IRREGULAR VERBS Verbos irregulares

Em inglês, há mais de 250 verbos irregulares, e eles geralmente se modificam no passado. Para poder usá-los com segurança, você precisará memorizá-los. Veja agora o passado de alguns verbos irregulares de uso mais freqüente na área de negócios. Uma lista mais completa pode ser encontrada no Banco de Palavras.

to be *(ser/estar)* → was/were
to bring *(trazer)* → brought
to buy *(comprar)* → bought
to come *(vir)* → came
to do *(fazer)* → did
to drive *(guiar)* → drove
to give *(dar)* → gave
to go *(ir)* → went
to have (ter) → had
to leave *(partir/deixar)* → left
to meet *(encontrar)* → met
to pay *(pagar)* → paid
to take *(levar/pegar)* → took
to say *(dizer)* → said
to write *(escrever)* → wrote

Exemplos:

She **brought** three computers. *(Ela trouxe três computadores.)*
They **came** last night. *(Eles vieram na noite passada.)*
The receptionist **took** the mail to the director. *(A recepcionista levou a correspondência ao diretor.)*

To **go** *(ir)* é um bom exemplo de verbo irregular que apresenta forma bem diferente no passado. Aqui, você verá como ele fica em frases afirmativas, negativas e interrogativas.

Forma afirmativa:

I went *(Eu fui)*
You went *(Você foi)*
He/She went *(Ele/Ela foi)*
We went *(Nós fomos)*
You went *(Vocês foram)*
They went *(Eles/Elas foram)*

❖ Exemplos:

I **went** to the conference yesterday morning. *(Eu fui à conferência ontem de manhã.)*
The security guards **went** to the front desk an hour ago. *(Os seguranças foram para a recepção há uma hora.)*

Forma negativa:

I didn't go *(Eu não fui)*
You didn't go *(Você não foi)*
He/She didn't go *(Ele/Ela não foi)*
We didn't go *(Nós não fomos)*
You didn't go *(Vocês não foram)*
They didn't go *(Eles/Elas não foram)*

❖ Exemplos:

The salesmen **didn't go** to the office last week. *(Os vendedores não foram ao escritório na semana passada.)*
The accountants **didn't go** to the conference room yesterday. *(Os contadores não foram à sala de conferência ontem.)*

Forma interrogativa:

Did I go? *(Eu fui?)*
Did you go? *(Você foi?)*
Did he/she go? *(Ele/Ela foi?)*
Did we go? *(Nós fomos?)*
Did you go? *(Vocês foram?)*
Did they go? *(Eles/Elas foram?)*

❖ Exemplos:

Did the personnel manager **introduce** the new trainees? *(O gerente de recursos humanos apresentou os novos estagiários?)*
Did Mr. Harris **go** to the conference room last week? *(O sr. Harris foi à sala de conferências na semana passada?)*

✓ CHECK YOUR PROGRESS Avalie o seu aprendizado

1. Conjugue os verbos no passado e traduza seus significados no infinitivo, conforme o modelo:

a. to arrive ···➜ arrived ···➜ chegar

b. to wait ···➜ ______ ···➜ ______

c. to talk ···➜ ______ ···➜ ______

d. to go ···➜ ______ ···➜ ______

e. to cancel ···➜ ______ ···➜ ______

f. to bring ···➜ ______ ···➜ ______

g. to give ···➜ ______ ···➜ ______

2. Veja a quais frases em português que correspondem às frases em inglês, conforme o exemplo:

a. I arrived yesterday morning.	[ ] Esperei por duas horas.
b. I went to the meeting last week.	[a] Cheguei ontem de manhã.
c. I gave my files to the accountant.	[ ] Não gostei da sala.
d. I waited for two hours.	[ ] Fui ao restaurante ontem à noite.
e. I didn't give you my address.	[ ] Fui à reunião na semana passada.
f. I didn't like the room.	[ ] Dei as minhas fichas ao contador.
g. I went to the restaurant last night.	[ ] Não lhe dei o meu endereço.

3. Teste a sua memória, escrevendo o significado das palavras abaixo em português:

a. yesterday ···➜ ______

b. tomorrow ···➜ ______

c. today ···➜ ______

d. last week ···➜ ______

e. two hours ago ···➜ ______

f. last year ···➜ ______

EXPRESSÃO ÚTIL

Sorry, could you say that again, please?
(Perdão, poderia repetir isso, por favor?)

20 PERSONAL DETAILS
DETALHES PESSOAIS

PERSONAL DETAILS — Detalhes pessoais

PERSONALITY TRAITS — Características de personalidade

As características que descrevem a personalidade de uma pessoa podem ser positivas ou negativas. Veja algumas delas, relacionadas à área de negócios:

agressive *(agressivo)*
ambitious *(ambicioso)*
calm *(calmo)*
creative *(criativo)*
diplomatic *(diplomático)*
efficient *(eficiente)*
energetic *(energético)*
friendly *(amigável)*
good with figures *(bom com números)*
good with words *(bom com palavras)*
hard-working *(trabalhador)*
helpful *(prestativo)*
kind *(bondoso)*
nervous *(nervoso)*
organized *(organizado)*
outgoing *(extrovertido)*
patient *(paciente)*
persuasive *(persuasivo)*
practical *(prático)*
proud *(orgulhoso)*
punctual *(pontual)*
reliable *(confiável)*
sensible *(prudente)*
sensitive *(sensível)*

TIP TIME

Em inglês, tais adjetivos podem ser usados tanto para o masculino como para o feminino, sem alterações.

PHYSICAL APPEARANCE — Aparência física

Conheça algumas características físicas:

tall *(alto)*
short *(baixo)*
medium height *(estatura mediana)*
fat *(gordo)*
thin *(magro)*
slim *(esbelto/elegante)*
blond/blonde *(louro/loura)*
dark *(moreno)*
brunette *(morena)*
redhead *(ruiva)*
gray-haired *(grisalho)*
bald *(careca)*
beard *(barba)*
mustache *(bigode)*

TIP TIME

baby *(bebê)*
child *(criança)*
children *(crianças)*
teenager *(adolescente)*
adult *(adulto)*
boy *(menino ou rapaz)*
girl *(menina ou moça)*
man *(homem)*
woman *(mulher)*
men *(homens)*
women *(mulheres)*

Quando se quer saber as características de uma pessoa, eis alguns diálogos possíveis:

What's she like? *(Como ela é?)*
She is sensitive and patient. *(Ela é sensível e paciente.)*
What's he like? *(Como ele é?)*
He's calm and reliable. *(Ele é calmo e confiável.)*
What color is her hair? *(De que cor é o cabelo dela?)*
What color are his eyes? *(De que cor são os olhos dele?)*

AGE Idade

Quando se quer saber a idade de uma pessoa, eis alguns exemplos de perguntas e respostas:

How old are you? *(Quantos anos você tem?)*
I'm... years old. *(Eu tenho... anos.)*
How old is he/she? *(Quantos anos ele/ela tem?)*
He/She is... years old. *(Ele/Ela tem... anos.)*

MORE ACTIONS IN THE PAST Mais ações no passado

O verbo **to be** também tem forma bem diferente no passado simples, conforme você verá agora. Observe a forma afirmativa:

I was *(Eu era/estava/estive)*
You were *(Você era/estava/esteve)*
He/She/It was *(Ele/Ela era/estava/esteve)*
We were *(Nós éramos/estávamos/estivemos)*
You were *(Vocês eram/estavam/estiveram)*
They were *(Eles/Elas eram/estavam/estiveram)*

✣ Exemplos:

The operators **were** very busy last month. *(As telefonistas estavam/estiveram muito ocupadas no mês passado.)*

The sales manager **was** in the lobby five minutes ago. *(O gerente de vendas estava/esteve no lobby há cinco minutos.)*

TIP TIME

Em inglês, como se vê pelos exemplos, esse tempo verbal corresponde aos pretéritos imperfeito e perfeito do português.

Exemplo:

He was here. *(Ele estava/esteve aqui.)*

Na forma negativa, apenas se acrescenta **not** depois de **was** ou **were**, ficando **wasn't** e **weren't**:

I wasn't *(Eu não era/estava/estive)*
You weren't *(Você não era/estava/esteve)*
He/She/It wasn't *(Ele/Ela não era/estava/esteve)*
We weren't *(Nós não éramos/estávamos/estivemos)*
You weren't *(Vocês não eram/estavam/estiveram)*
They weren't *(Eles/Elas não eram/estavam/estiveram)*

✣ Exemplos:

He **wasn't** in the reception last week. *(Ele não estava/esteve na recepção na semana passada.)*

The accountants **weren't** in the office yesterday morning. *(Os contadores não estavam/estiveram no escritório ontem de manhã.)*

Nas perguntas, coloca-se **was** ou **were** no início da sentença.

Was I? *(Eu era/estava/estive?)*
Were you? *(Você era/estava/esteve?)*
Was he/she/it? *(Ele/ela era/estava/esteve?)*
Were we? *(Nós éramos/estávamos/estivemos?)*
Were you? *(Vocês eram/estavam/estiveram?)*
Were they? *(Eles/Elas eram/estavam/estiveram?)*

✣ Exemplos:

Were you at the party last week? *(Você estava/esteve na festa na semana passada?)*

Was the manager in his office yesterday? *(O gerente estava/esteve no escritório dele ontem?)*

SHORT ANSWERS Respostas curtas

Veja como são dadas as respostas curtas para perguntas com **was** e **were**:

Were you in the office yesterday? *(Você estava/esteve no escritório ontem?)*
Yes, I was. *(Sim, estava/estive.)* ou No, I wasn't. *(Não, não estava/estive.)*
Were the engineers in the building last month? *(Os engenheiros estavam/estiveram no prédio no mês passado?)*
Yes, they were. *(Sim, estavam/estiveram.)* ou No, they weren't. *(Não, não estavam/estiveram.)*

TALKING ABOUT THE WEATHER Falando sobre o tempo

Alguns clientes gostam de comentar e perguntar sobre o tempo, até para iniciar uma conversa. Por esse motivo, é importante que você conheça os termos mais usuais em inglês.

sun	rain	wind	cloud	snow
(sol)	*(chuva)*	*(vento)*	*(nuvem)*	*(neve)*

Alguns dos adjetivos relativos às condições do tempo são formados com base nos elementos mencionados anteriormente. Os mais conhecidos são:

sunny *(ensolarado)*
rainy *(chuvoso)*
windy *(ventoso)*
cloudy *(nublado)*

Exemplos:

It's **sunny** today. *(Está ensolarado hoje.)*
The day is **rainy**. *(O dia está chuvoso.)*

Se quiser intensificar ou enfatizar uma condição climática, você poderá usar expressões very *(muito)* ou too *(demais)*.

hot *(quente)* ---> very hot *(muito quente)* ---> too hot *(quente demais)*
cold *(frio)* ---> very cold *(muito frio)* ---> too cold *(frio demais)*
dry *(seco)* ---> very dry *(muito seco)* ---> too dry *(seco demais)*
wet *(chuvoso)* ---> very wet *(muito chuvoso)* ---> too wet *(chuvoso demais)*

Exemplos:

It's **very hot** today. *(Está muito quente hoje.)*
It's **too cold** in the park. *(Está frio demais no parque.)*

✓ CHECK YOUR PROGRESS — Avalie o seu aprendizado

1. Olhe as figuras e descreva o tempo.

a. ____________________

b.  ____________________

c.  ____________________

d.  ____________________

2. Reescreva as frases na forma negativa.

a. I was in Salvador yesterday.
I wasn't in Salvador yesterday.

b. Mary was in Curitiba last night.
____

c. We were here last week.
____

d. Mr. and Mrs. Green were in Miami yesterday.
____

e. You were in Chicago two days ago.
____

f. It was sunny yesterday.
____

3. Escolha a resposta correta.

a. Were you here yesterday?
[ ] Yes, I am.
[ ] Yes, I was.

b. Was Miss Scott in her room last night?
[ ] No, she isn't.
[ ] No, she wasn't.

c. Did they work yesterday?
[ ] Yes, they did.
[ ] Yes, they didn't.

EXPRESSÃO ÚTIL

When do you need it by?
(É para quando?)

21 GETTING A JOB

OBTENDO UM EMPREGO

GETTING A JOB Obtendo um emprego

Se você estiver procurando emprego e precisar passar por uma entrevista em inglês, será importante conhecer o vocabulário e as principais perguntas que lhe podem fazer. Primeiro, conheça algumas palavras relacionadas a esse contexto:

to apply *(candidatar-se)*
applicant/candidate *(candidato)*
interview *(entrevista)*
job advertisement *(anúncio de emprego)*
job application *(solicitação de emprego)*
position *(cargo)*
preview jobs *(empregos anteriores)*
qualifications *(qualificações)*
references *(referências)*
resumé *(currículo)*
work experience *(experiência profissional)*
working hours *(horário de trabalho)*

TIP TIME

salary/wages/fees *(salário)*
high pay *(salário alto)*
low pay *(salário baixo)*
monthly salary *(salário mensal)*

TIP TIME

inglês americano:	**resumé** *(currículo)*
	position *(cargo)*
inglês britânico:	**CV (curriculum Vitae)** *(currículo)*
	post *(cargo)*

THE COVER LETTER — A carta de apresentação

Eis os principais componentes de uma cover/covering letter *(carta de apresentação)*:

your name
your address
your city, state, ZIP code
your phone number
your e-mail

date

contact name
contact job title
company name
company address
company city, state, ZIP code

Dear Mr./Ms. Last Name:

first paragraph *(primeiro parágrafo)*:
Why you are writing. *(Porque você está escrevendo.)*

middle paragraph *(parágrafo intermediário)*:
What you have to offer:
your resumé. *(O que você tem a oferecer: seu currículo.)*

final paragraph *(último parágrafo)*:
How you will follow up. *(Como você fará o acompanhamento da solicitação: por e-mail, fax, telefonema.)*

Sincerely, *(Cordialmente,)*

your signature *(sua assinatura)*

your typed name *(seu nome impresso)*

THE RESUMÉ O currículo

Estas são as partes principais de um currículo:

- PERSONAL INFORMATION *INFORMAÇÕES PESSOAIS*
  name *(nome)*
  age *(idade)*
  date of birth *(data de nascimento)*
  nationality *(nacionalidade)*
  address *(endereço)*
  e-mail
  phone *(fone)*
  male/female *(sexo masculino/feminino)*
  marital status *(estado civil)*:
  single *(solteiro/a)*/married *(casado/a)*/divorced *(divorciado/a)*

- EDUCATION *FORMAÇÃO ESCOLAR*

Exemplos:

Executive secretary diploma – graduated from Fecap in 1999
In-company courses:
Brazilian professional code of ethics
Finance for company secretaries
Time management/personal productivity/work efficiency

- EMPLOYMENT HISTORY *HISTÓRICO DE EMPREGOS*
  Present job/position *(emprego atual/cargo)*
  2000: secretary – Alpha Books Editors
  2002: executive assistant – DBS Publishers

- INTERESTS *INTERESSES*
  Traveling/swimming/going to movies/reading

- SKILLS *CONHECIMENTOS*
  Basic English
  Conversational Spanish
  Computer skills: Word/Excel/Internet

THE JOB INTERVIEW — A entrevista de trabalho

Veja alguns exemplos de perguntas e respostas que podem ocorrer numa entrevista de trabalho:

Tell me about yourself. *(Fale-me sobre você.)*
I was born in... *(Eu nasci em...)*
Tell me a little about your background. *(Fale-me um pouco sobre a sua formação.)*
I studied at... *(Eu estudei na...)*
I graduated in... *(Eu me formei em...)*
I did my MA in... *(Eu fiz meu mestrado em...)*
Do you have any experience with...? *(Você tem experiência em...?)*
Do you have any... skills? *(Você tem conhecimentos de...?)*
I gained a lot of experience with... *(Adquiri muita experiência com...)*
Why did you leave your job at...? *(Por que você saiu da/do...?)*
I felt that... *(Eu senti que...)*
What sort of salary were you looking at? *(Que faixa salarial você tem em mente?)*
What do you like doing? *(O que você gosta de fazer?)*
I like/enjoy... *(Eu gosto de...)*
The position requires... *(O cargo requer...)*
How soon can you start? *(Quando você pode começar?)*
I can start right away. *(Eu posso começar já.)*

ASKING ABOUT ABILITIES — Indagando sobre capacitação

O verbo auxiliar can, além de ser usado para pedir permissão, pode também indicar a habilidade para fazer alguma coisa. Veja alguns exemplos:

Can you use a computer? *(Você sabe usar computador?)*
Yes, I can. *(Sim, eu sei.)*
No, I can't. *(Não, eu não sei.)*
Can you speak Spanish? *(Você sabe falar espanhol?)*
Yes, I can. *(Sim, eu sei.)*
No, I can't. *(Não, eu não sei.)*
Can you type? *(Você sabe digitar?)*
Yes, I can. *(Sim, eu sei.)*
No, I can't. *(Não, eu não sei.)*

✓ CHECK YOUR PROGRESS Avalie o seu aprendizado

1. Escreva em inglês:
   a. Fale-me sobre você.
   ____
   b. Eu sou casada.
   ____
   c. O que você gosta de fazer?
   ____
   d. Quando você pode começar?
   ____
   e. Eu nasci em São Paulo.
   ____
   f. Você sabe falar inglês?
   ____

2. Teste a sua memória, escrevendo o significado das palavras abaixo em português:
   a. resumé ---> ______________________
   b. cover letter ---> ______________________
   c. single ---> ______________________
   d. job application ---> ______________________
   e. job interview ---> ______________________
   f. wages ---> ______________________
   g. marital status ---> ______________________
   h. qualification ---> ______________________
   i. married ---> ______________________
   j. position ---> ______________________
   l. date of birth ---> ______________________
   m. age ---> ______________________
   n. preview jobs ---> ______________________
   o. work experience ---> ______________________

EXPRESSÃO ÚTIL

Thank you for coming.
(Obrigado por ter vindo.)

22 ENTERTAINING CLIENTS

ENTRETENDO CLIENTES

ENTERTAINING CLIENTS — Entretendo clientes

Secretárias e assistentes pessoais podem ter entre as suas atribuições acompanhar os clientes estrangeiros a recepções, restaurantes ou lanchonetes ou, ainda, oferecer almoços e lanches durante reuniões de trabalho dentro da própria empresa.

MEALS — Refeições

Conheça o nome das refeições:

breakfast (*café-da-manhã*)
lunch (*almoço*)
dinner (*jantar*)

TIP TIME

salt (*sal*)

sugar (*açucar*)

pepper (*pimenta*)

sweetner (*adoçante*)

BREAKFAST — Café-da-manhã

coffee (*café*)

tea (*chá*)

hot chocolate (*chocolate quente*)

milk (*leite*)

juice (*suco*)

bread (*pão*)

butter (*manteiga*)

eggs (*ovos*)

cereal (*cereal*)

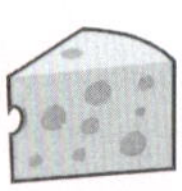
cheese (*queijo*)

cold cuts (*frios*)

fruit (*frutas*)

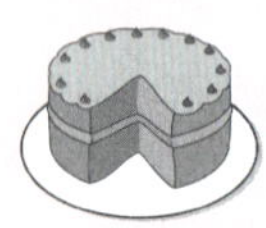
cake (*bolo*)

TABLEWARE — Utensílios de mesa

fork (*garfo*)

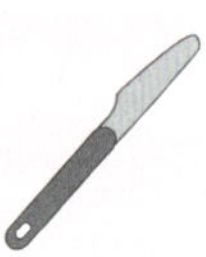
knife (*faca*)

spoon (*colher*)

plate (*prato*)

saucer (*pires*)

cup (*xícara*)

glass (*copo*)

FRUIT Frutas

Aprenda os nomes de algumas frutas mais conhecidas. Outras podem ser encontradas no Banco de Palavras.

TIP TIME

Quando quiser dizer o nome do suco de uma fruta, você deverá dizer o nome da fruta seguido da palavra **juice** *(suco)*.
Exemplos: **orange juice** *(suco de laranja)*
watermelon juice *(suco de melancia)*

SNACKS Lanches

Na hora do almoço, alguns estrangeiros costumam fazer apenas um lanche, o que consta principalmente de sanduíches e hambúrgueres. Os lanches mais comuns são:

DIÁLOGO PRÁTICO

A Good afternoon, sir. Are you ready to order?
B What kind of sandwiches do you have?
A There are ham and cheese, tuna and chicken sandwiches.
B I would like a tuna sandwich.
A Anything else?
B An orange juice, please.
A I'll order it immediately.

AT THE RESTAURANT — No restaurante

Se você tiver que acompanhar um cliente a um restaurante, precisará saber o vocabulário relativo a esse tópico.

THE RESTAURANT STAFF — Os funcionários do restaurante

Num restaurante, os principais cargos são:

chef *(chefe de cozinha)*
cook *(cozinheiro)*
head waiter *(maître)*
sommelier *(especialista em vinhos/sommelier)*
waiter *(garçom)*
waitress *(garçonete)*

THE MENU — O cardápio

As principais partes de um cardápio são:

aperitifs/cocktails *(aperitivos ou coquetéis)*
appetizers and openers *(antepastos e entradas)*
soups *(sopas)*
salads *(saladas)*
main course *(prato principal)*
side orders *(acompanhamentos)*
desserts *(sobremesas)*
beverages *(bebidas)*

BEVERAGES — Bebidas

As bebidas podem ser **alcoholic** *(alcoólicas)* e **non alcoholic** *(não-alcoólicas)*. Conheça primeiro as bebidas não-alcoólicas mais comuns:

mineral still water *(água mineral sem gás)*
sparkling water *(água mineral com gás)*
milkshake *(milkshake)*
tonic water *(água tônica)*
fruit juice *(suco de fruta)*
soda *(refrigerante)*

TIP TIME

O termo genérico para bebidas não-alcoólicas é **soft drinks**. Para refrigerantes em geral, usa-se a palavra **soda**.

Conheça os nomes de algumas bebidas alcoólicas:

beer *(cerveja)*
draft beer *(chope)*
white wine *(vinho branco)*
red wine *(vinho tinto)*
rosé wine *(vinho rosê)*
whisky *(uísque)*
vodka *(vodca)*
liqueur *(licor)*

TIP TIME

Os aperitivos podem ser servidos:
on the rocks *(com gelo)*
straight *(puros)*
with lemon and ice *(com limão e gelo)*

Para oferecer, aceitar ou recusar alguma bebida, algumas expressões mais comuns são:

Can I get you something to drink? *(Posso arranjar-lhe alguma coisa para beber?)*
Yes, please. I'd like a glass of red wine. *(Sim, por favor. Eu gostaria de um copo de vinho tinto.)*
No, thanks. I'm fine. *(Não obrigada. Estou bem.)*
Would you like another drink? *(Gostaria de outra bebida?)*
Would you like to order a drink? *(Gostaria de pedir uma bebida?)*
What would you like to drink? *(O que gostariam de beber?)*

DIÁLOGO PRÁTICO

A Would you like a cocktail, sir?
B I'd like a Brazilian 'caipirinha'. What is it made of?
A It's made of pinga, lemon juice and sugar.
B What's pinga?
A It's a Brazilian drink made of sugar cane.
B I'd like one, please.

ASKING FOR THE CHECK — Pedindo a conta

Ao final da refeição, algumas expressões mais usadas são:

Can I have the check, please? *(Pode me trazer a conta, por favor?)*
How would you like to pay, madam? *(Como gostaria de pagar, senhora?)*
I'd like to pay by credit card. *(Gostaria de pagar com cartão de crédito.)*

TIP TIME

inglês americano: **check** *(conta)*
inglês britânico: **bill** *(conta)*

✓ CHECK YOUR PROGRESS — Avalie o seu aprendizado

1. Complete o diálogo em que um cliente pede um lanche com palavras do quadro abaixo:

would cheese you sandwich like orange salad snack

A: What ________ you like to have for your ________ , madam?

B: I would ________ a ________ sandwich, please.

A: OK, a cheese ________ .

B: And I would like a ________ , too.

A: Anything else, madam?

B: Yes, I would like an ________ juice, please.

A: Thank ________ .

2. Encontre os nomes de dez frutas e escreva-os nas linhas abaixo.

M Z R G K N T I N C A
E T E E B G I W V U V
L E M O N S P A I N O
O R E R Y C D T B I C
N A Y A P P L E C T A
O Z G N I U D R H E D
I I L G N R Y M P G O
Z P A E E A P E A R L
V E N F A N U L Z A H
E A D Y P U S O I P N
R C O J P A N N T E A
B H Y A L R A C Y S B
E R D F E G T R A U R

apple
____
____
____
____
____
____
____
____
____
____

EXPRESSÃO ÚTIL

What would you like?
(Do que o senhor/a senhora gostaria?)

GUIA DE RESPOSTAS

CAPÍTULO 1

1. a. Good afternoon!
   b. Good night!
   c. How are you?
   d. Welcome!
   e. Thank you!
   f. Nice to meet you.
2. a. Mr. Martin
   b. Mrs. Roberts
   c. Mr. Stallone
   d. Miss Lopez
   e. Ms. Cardoso
3. a. My name is José.
   b. What's your name?
   c. His name is Roberto.
   d. Her name is Laura.
   e. What's her name?
4. A: Good morning, sir.
   B: Good morning. How are you?
   A: Fine, thanks. And how are you?
   B: Fine, thanks.

CAPÍTULO 2

1. a. I am/I'm Brazilian.
   b. He is/He's Italian.
   c. You are/You're Spanish.
   d. She is/She's American.
   e. Who are you?
   f. She is not/isn't an operator.
   g. Are you a sales manager?
   h. We are not/aren't accountants.
   i. Are they engineers?
   j. You are/You're lawyers.
2. Japan
   Canada
   Mexico
   England
   Italy
   United States
   Spain
   France
   Brazil
   Germany
   Portugal

M	Z	R	G	K	N	T	I	N	C	P
E	T	E	E	B	G	I	T	V	U	O
X	B	F	R	V	S	P	A	I	N	R
I	R	E	M	Y	C	D	L	B	I	T
C	A	N	A	D	A	R	Y	C	T	U
O	Z	G	N	A	U	D	E	H	E	G
I	I	L	Y	N	R	Y	G	P	D	A
Z	L	A	T	J	A	P	A	N	S	L
V	R	N	F	I	N	U	T	A	T	H
E	J	D	Y	R	U	S	K	I	A	N
R	C	O	J	L	A	N	D	T	T	A
B	U	Y	A	F	R	A	N	C	E	B
E	R	D	F	N	G	T	R	A	S	R

CAPÍTULO 3

1. conference room
   head office
   director's office
   meeting room
   storage room
   deposit
   reception
   restroom

C	O	N	F	E	R	E	N	C	E	R	O	O	M	X	W
D	E	K	B	H	E	A	D	O	F	F	I	C	E	V	R
E	D	I	R	E	C	T	O	R	S	O	F	F	I	C	E
P	U	M	Y	C	E	L	B	I	T	C	S	V	W	Z	S
O	G	A	D	A	P	Y	C	T	U	K	Y	N	E	A	T
S	O	M	E	E	T	I	N	G	R	O	O	M	Z	G	R
I	L	Y	N	R	I	G	P	D	A	Z	W	A	O	R	O
T	H	E	S	T	O	R	A	G	E	R	O	O	M	J	O
M	R	N	F	I	N	N	T	A	T	H	B	V	C	X	M

2. a. Who is he? → c. He's my husband.
   b. Is Jane a receptionist? → g. No, she isn't.
   c. How are you? → f. I'm fine, thanks.
   d. What's your job? → b. I'm a financial director.
   e. Where's the meeting room? → a. It's in front of the director's office
   f. How do you do? → h. How do you do.
   g. Is there a heliport here? → e. Yes, there is.
   h. What's her post? → d. She's a personal assistant.
3. a. main entrance
   b. administrative center
   c. fitness center
   d. food court
   e. convention center

CAPÍTULO 4

1. a. This is/It's a fax machine.
   b. Those/They are paper clips.
   c. That is/That's an adhesive tape.
   d. This is/It's a desk.
2.

1	C	H	A	I	**R**						
2		T	E	L	**E**	P	H	O	N	E	
3		C	A	L	**C**	U	L	A	T	O	R
4				P	**E**	N	C	I	L		
5		C	O	M	**P**	U	T	E	R		
6				S	**T**	A	P	L	E	R	
7			S	C	**I**	S	S	O	R	S	
8	K	E	Y	B	**O**	A	R	D			
9			P	E	**N**						

3. [5] Nice to meet you, too
   [4] Nice to meet you.
   [1] Hello.
   [2] Hello. What's your name?
   [3] My name is Janet.

CAPÍTULO 5

1. a. She never speaks Japanese.
   b. You speak Portuguese everyday.
   c. Sometimes he speaks Spanish.
   d. I never speak English.
   e. You always speak Italian.
   f. They always speak French.
2. a. speak
   b. speaks
   c. speak
   d. speaks
   e. speak
   f. speak
   g. speak
   h. speaks
3. a. Yes, I do./No, I don't.
   b. Yes, I do./No, I don't.
   c. Yes, he does./No he doesn't.
   e. Yes, they do.

CAPÍTULO 6

1. a. April 22nd
   b. May 9th
   c. October 15th
   d. July 21st
   e. December 30th
   f. nineteen eighty seven
2. a. I work on Saturdays.
   b. Today is Thursday.
   c. What day is today?
   d. She doesn't work on Sundays.
   e. Your office is on the second floor.
3. a. October
   b. meeting room
   c. stapler
   d. today
   e. keyboard
   f. March
   g. September
   h. Tuesday
   i. seventh floor
   j. December
   l. Saturday
   m. printer
   n. reception
   o. Monday
   p. Sunday

CAPÍTULO 7

1. a It's twenty-five past/after seven. It's seven twenty five.
   b. It's a quarter past/after two. It's two fifteen.
   c. It's a quarter to eleven. It's ten forty-five.
   d. It's ten past/after three. It's three ten.
   e. It's midday/noon./It's midnight.
2. a. It's seven o'clock in the morning.
   b. It's a quarter past/after five in the afternoon.
   c. It's quarter to twelve in the morning.
   d. It's three o'clock in the morning.
   e. It's twenty past/after eight in the morning.
   f. It's half past two in the afternoon.
   g. It's ten past/after four in the morning.
3. a. some
   b. some
   c. some
   d. any
   e. some
   f. anything
   g. anything
   h. any
4. a. one thousand six hundred and eighty-nine
   b. seven hundred and thirty-four
   c. fifteen thousand two hundred and ninety-six
   d. three hundred and ten thousand four hundred and three
   e. five thousand nine hundred and twelve

CAPÍTULO 8

1. a. I like this office.
   b. She never works in the morning.
   c. My boss arrives at 8 a.m.
   d. Do you have a cell phone?
   e. Do you work here?

2. a. arrives
   b. has
   c. have
   d. arrive
   e. arrives

3. a. Pedro never works in the evening.
   b. Mr. Hill doesn't have a big office.
   c. Do you speak English?
   d. We have commercial buildings.
   e. I work here everyday.
   f. They don't have a car.

CAPÍTULO 9

1. a. I'll put you through.
   b. Mr. Crane went out.
   c. Could you hold on for a moment?
   d. What's the area code?
   e. What do you suggest?
2. a. international call
   b. directory
   c. call
   d. message
   e. operator
   f. telephone number
   g. area code
   h. wrong number
   i. access code

a	I	N	T	E	R	N	A	**T**	I	O	N	A	L	C	A	L	L
b					D	I	R	**E**	C	T	O	R	Y				
c						C	A	**L**	L								
d							M	**E**	S	S	A	G	E				
e							O	**P**	E	R	A	T	O	R			
f			T	E	L	E	P	**H**	O	N	E	N	U	M	B	E	R
g			A	R	E	A	C	**O**	D	E							
h					W	R	O	**N**	G	N	U	M	B	E	R		
i					A	C	C	**E**	S	S	C	O	D	E			

CAPÍTULO 10

1. A: DBS Enterprises. May I help you?
   B: Yes, I'd like to make an appointment.
   A: What's your name, please?
   B: It's Tom Farrel.
   A: Could you spell your last name, please?
   B: It's F - A - R - R - E - L.
   A: When would you like it?
   B: On May 9th.
   A: What time would you like?
   B: At 4:00 p.m.
   A: Ok. We are expecting you on May 9th at 4:00p.m.
2. a. Joanna is speaking English.
   b. They are arriving now.
   c. Are you working now?
   d. He is not working today.
   e. I am working at the moment.
3. a. Pedro is working right now.
   b. Julia works every morning.
   c. Mr. Stone is arriving now.

CAPÍTULO 11

1.

a.	@	at	f.	!	exclamation mark
b.	/	forward slash	g.	;	semi colon
c.	–	hyphen	h.	\	back slash
d.	:	colon	i.	?	interrogation mark
e.	.	dot	j.	,	comma

2.

A	F	N	F	C	T	E	I	C	E	R	V
D	A	M	A	I	L	A	N	O	F	F	I
E	X	I	R	N	C	T	V	R	S	O	F
P	M	M	Y	J	E	L	I	I	T	C	S
N	E	W	S	L	E	T	T	E	R	K	E
S	S	M	E	M	O	R	A	N	D	U	M
I	S	Y	N	A	I	G	T	D	A	Z	A
T	A	E	S	T	O	R	I	G	E	R	I
M	G	N	F	I	N	N	O	A	T	H	L
L	E	T	T	E	R	E	N	Y	D	O	B

newsletter
memorandum
letter
fax message
invitation
e-mail

3. a. answering machine
b. speaker phone
c. video conference
d. voice mail
e. invitation
f. bulletin board

CAPÍTULO 12

1. a. How can I help you, madam?
b. For how many people?
c. Please press the button.
d. I need two conference rooms.
e. Please don't shut the door.

2.

a				**M**	E	E	T	I	N	G	
b		I	T	**E**	M						
c			R	**E**	P	O	R	T			
d	P	A	R	**T**	I	C	I	P	A	N	T
e	C	H	A	**I**	R	M	A	N			
f		M	I	**N**	U	T	E				
g			A	**G**	E	N	D	A			

3. a. meeting room
b. conference room
c. birthday party
d. cocktail party
e. banquet
f. tape recorder
g. auditorium

CAPÍTULO 13

1. a. I won't work at night.
   b. We won't leave tomorrow.
   c. The operator won't bring more notepads.
   d. The clients won't stay for one week.
   e. They won't help you with the receipts.
2. a. He is going to bring your messages in a minute.
   b. They are going to arrive tomorrow morning.
   c. Are you going to arrive/arriving tomorrow?
   d. We are going to leave in a few minutes.
3. a. hoje
   b. amanhã
   c. ontem
   d. semana que vem
   e. semana passada
   f. mês que vem
   g. ano que vem
   h. em um minuto
   i. hoje à noite

CAPÍTULO 14

1.

	S	M	**A**	L	L			
	O	L	**D**					
			J					
		N	**E**	W				
			C	O	L	D		
F	A	S	**T**					
		L	**I**	G	H	T		
H	E	A	**V**	Y				
E	X	P	**E**	N	S	I	V	E
			S	L	O	W		

2. blue
   pink
   white
   gray
   orange
   green
   purple
   yellow
   brown
   red
   black

T	E	A	T	P	U	G	K	B	G
F	Y	E	R	D	Q	W	N	L	V
T	N	O	C	A	Y	G	R	A	Y
P	U	R	P	L	E	B	L	C	G
I	D	A	R	T	L	E	W	K	T
N	A	N	Y	B	L	U	E	V	G
K	O	G	R	E	O	A	P	N	R
Y	R	E	D	B	W	H	I	T	E
E	B	M	E	T	U	G	R	J	E
L	P	S	G	R	B	R	O	W	N
W	Q	S	D	F	A	F	T	E	D

CAPÍTULO 15

1. a. supermarket
   b. travel agency
   c. bank
   d. post office
   e. movie theater
   f. drugstore
   g. restaurant
   h. bookstore

2.

formulário de pedido	→	order form
nome do cliente	→	customer's name
número do cliente	→	customer's number
número do pedido	→	order number
endereço	→	address
país	→	country
código postal	→	postal code
número de itens	→	number of items
descrição do produto	→	description of merchandise
forma de pagamento	→	method of payment
vencimento	→	payment due

CAPÍTULO 16

1. a. headache
   b. indigestion
   c. back pain
   d. sore throat
   e. cold
   f. stomachache

2. a. eye drops
   b. painkiller
   c. aspirin
   d. antacid
   e. decongestant

3. a. Could you speak a little more slowly?
   b. Sorry, I don't understand.
   c. Thanks for your help.
   d. I'm sorry, but I can't.

CAPÍTULO 17

1.

Tipos de quarto	Kinds of rooms
de solteiro	single
duplo	double
triplo	triple
suíte executiva	executive suite
comum	standard
com terraço	with a balcony
de luxo	luxury

2. a. city tour
   b. ecoturism
   c. guided tour
   d. brochure
   e. walking tour
   f. customized tour
   g. tour guide

3. a. I'd like a single room.
   b. What kinds of excursion do you have?
   c. Mr. Jones wants a room with a sea view.
   d. We would like a city tour.

CAPÍTULO 18

1. A: Good evening. May I help you?
   B: Yes, I'd like to book a flight.
   A: Yes, sir. When would you like to travel?
   B: On Sunday evening.
   A: One way or return?
   B: Return.
   A: How many persons?
   B: Only one adult.
   A: First class or economy?
   B: Economy.
   A: OK. Just a minute, please.
   B: Thank you.

2. a. air conditioning
   b. manual gearshift
   c. automatic gearshift
   d. baby car seat
   e. electronic roof
   f. CD player

CAPÍTULO 19

1. a. to arrive/arrived/chegar
   b. to wait/waited/esperar
   c. to talk/talked/conversar/falar
   d. to go/went/ir
   e. to cancel/cancelled/cancelar
   f. to bring/brought/trazer
   g. to give/gave/dar

2. [d] Esperei por duas horas.
   [a] Cheguei ontem de manhã.
   [f] Não gostei da sala.
   [g] Fui ao restaurante ontem à noite.
   [b] Fui à reunião na semana passada.
   [c] Dei as minhas fichas ao contador.
   [e] Não lhe dei o meu endereço.

3. a. ontem
   b. amanhã
   c. hoje
   d. semana passada
   e. duas horas atrás
   f. ano passado

CAPÍTULO 20

1. a. sunny
   b. rainy
   c. windy
   d. cloudy
2. a. I wasn't in Salvador yesterday.
   b. Mary wasn't in Curitiba last night.
   c. We weren't here last week.
   d. Mr. and Mrs. Green weren't in Miami yesterday.
   e. You weren't in Chicago two days ago.
   f. It wasn't sunny yesterday.
3. a. Yes, I was.
   b. No, she wasn't.
   c. Yes, they did.

CAPÍTULO 21

1. a. Tell me about yourself.
   b. I am married.
   c. What do you like doing?
   d. How soon can you start?
   e. I was born in São Paulo.
   f. Can you speak English?
2. a. currículo
   b. carta de apresentação
   c. solteiro/a
   d. solicitação de emprego
   e. entrevista de trabalho
   f. salário
   g. estado civil
   h. qualificação
   i. casado/a
   j. cargo
   l. data de nascimento
   m. idade
   n. empregos anteriores
   o. experiência profissional

CAPÍTULO 22

1. A: What <u>would</u> you like to have for your <u>snack</u>, madam?
   B: I would <u>like</u> a <u>cheese</u> sandwich, please.
   A: OK, a cheese <u>sandwich</u>.
   B: And I would like a <u>salad</u>, too.
   A: Anything else, madam?
   B: Yes, I would like an <u>orange</u> juice, please.
   A: Thank <u>you</u>.

2. lemon
   apple
   pear
   melon
   peach
   orange
   pineapple
   watermelon
   grapes
   avocado

M	Z	R	G	K	N	T	I	N	C	A
E	T	E	E	B	G	I	W	V	U	V
L	E	M	O	N	S	P	A	I	N	O
O	R	E	R	Y	C	D	T	B	I	C
N	A	Y	A	P	P	L	E	C	T	A
O	Z	G	N	I	U	D	R	H	E	D
I	I	L	G	N	R	Y	M	P	G	O
Z	P	A	E	E	A	P	E	A	R	L
V	E	N	F	A	N	U	L	Z	A	H
E	A	D	Y	P	U	S	O	I	P	N
R	C	O	J	P	A	N	N	T	E	A
B	H	Y	A	L	R	A	C	Y	S	B
E	R	D	F	E	G	T	R	A	U	R

BANCO DE PALAVRAS

Este Banco de Palavras foi anexado para que você possa ampliar seu vocabulário e comunicar-se de maneira mais completa e eficaz. Após cada palavra, você encontrará não só a tradução, mas também a pronúncia ou transcrição fonética (aproximada).
A pronúncia do inglês varia muito de país a país ou mesmo de região a região, e pode apresentar algumas dificuldades quando não se teve muito contato com o idioma. Para simplificar o estudo, nós nos concentramos no inglês americano, utilizando uma transcrição fonética aproximada (sem o uso daqueles sinais fonéticos que são próprios dos estudos lingüísticos).
Você deve levar em consideração os seguintes pontos:

· Os sons das vogais variam muito. De modo genérico, elas se dividem em vogais longas e vogais breves. No Banco de Palavras, para diferenciarmos umas das outras, indicamos as vogais longas duplicando-as. Exemplos: **store** (stóór) *(loja)*, **fee** (fii) *(taxa de serviço)*.

· Colocamos acento agudo (´) para indicar que a vogal tem pronúncia aberta, e acento circunflexo (^) para indicar que a vogal tem pronúncia fechada.

· O h pode ser mudo, como em **hour** (auer) *(hora)*, ou aspirado, como em **have** (hév) *(ter)*. No segundo caso, você deve soltar o ar com força pela boca, com som aproximado ao do rr.

· Colocamos entre parênteses os sons que são pouco pronunciados na conversação. Exemplos: **table** (teib[e]l) *(mesa)*, **cable** (keib[e]l) *(cabo)*.

· O th, característico da língua inglesa, pode ter duas pronúncias. No verbo **to thank** (to thénk) *(agradecer)*, você deve colocar a língua contra os dentes de cima, soltando o ar, como o ss de quem tem a língua presa. Na palavra **they** (dhey), o som é mais leve, como se fosse um z pronunciado entre os dentes.

· O r é sempre pronunciado fraco, com o som enrolado dos nossos caipiras, mesmo quando aparece em duplicata como em **mirror** (míre[r]) *(espelho)*.

· O ch geralmente é pronunciado como tch: **chair** (tchér) *(cadeira)*. Uma exceção é a palavra **chef** (chéf), porque vem do francês. Temos ainda outra pronuncia do ch, que é o k como na palavra **Christmas** (kristmes) *(Natal)*.

· O g é pronunciado como dj antes de i, y e, algumas vezes, e, como em **manager** (ménidjer) *(gerente)*.

· O k e o g não são pronunciados quando aparecem antes da letra n. Exemplos: **knife** (naif) **(faca)** e **gnome** (noum) *(gnomo)*.

· O w é geralmente pronunciado como u, tal qual nestes exemplos: **watch** (uótch) *(relógio)*, **where** (uér) *(onde)*.

· O x é, de modo geral, pronunciado como ks, tanto em posição inicial quanto no meio da palavra. Exemplo: **taxi** (téksi) *(táxi)*.

· O l em posição final não tem jamais o som de u, que às vezes pronunciamos em português. Em inglês, quando aparece seguido de k, não é pronunciado, como em **talk** (tók) *(falar)* ou **walk** (wók) *(caminhar)*.

· O inglês não tem acentos gráficos. Neste Banco de Palavras, para que você saiba qual é a sílaba tônica (ou seja, a sílaba mais forte de uma palavra), ela aparecerá em negrito.

PEOPLE Pessoas

COUNTRIES AND NATIONALITIES Países e nacionalidades

Argentina (ardjentina) *(Argentina)*	Argentinean (ardjentinien) *(argentino)*
Australia (austreilia) *(Austrália)*	Australian (austreilien) *(australiano)*
Bolivia (bolivia) *(Bolívia)*	Bolivian (bolivien) *(boliviano)*
Canada (kénadâ) *(Canadá)*	Canadian (keneidien) *(canadense)*
Chile (tchíle) *(Chile)*	Chilean (tchílien) *(chileno)*
China (tchaina) *(China)*	Chinese (tcháiniz) *(chinês)*
Colombia (kolombia) *(Colômbia)*	Colombian (kolombien) *(colombiano)*
Denmark (dénmark) *(Dinamarca)*	Danish (deinish) *(dinamarquês)*
England (ingland) *(Inglaterra)*	English (inglish) *(inglês)*
Greece (griss) *(Grécia)*	Greek (griik) *(grego)*
Holland (hóland) *(Holanda)*	Dutch (dâtch) *(holandês)*
Hungary (hângueri) *(Hungria)*	Hungarian (hânguérien) *(húngaro)*
Korea (koriâ) *(Coréia)*	Korean (korien) *(coreano)*
Mexico (méksiko) *(México)*	Mexican (méksikén) *(mexicano)*
Norway (nóruei) *(Noruega)*	Norwegian (nóruidjien) *(norueguês)*
Paraguay (péraguai) *(Paraguai)*	Paraguayan (peraguáien) *(paraguaio)*
Peru (peru) *(Peru)*	Peruvian (peruvien) *(peruano)*
Russia (râshia) *(Rússia)*	Russian (râshien) *(russo)*
Sweden (suiden) *(Suécia)*	Swedish (suidish) *(sueco)*
Switzerland (suitzerlend) *(Suíça)*	Swiss (suis) *(suíço)*
Syria (siria) *(Síria)*	Syrian (sirien) *(sírio)*
Turkey (târki) *(Turquia)*	Turkish (târkish) *(turco)*
Uruguay (iuruguai) *(Uruguai)*	Uruguayan (iuruguáien) *(uruguaio)*

PROFESSIONS Profissões

assistant manager (assístent ménidjer) *(gerente-assistente)*
auditor (óóditer) *(auditor)*
banker (bénker) *(banqueiro; executivo bancário)*
businessman (bíznezmen) *(homem de negócios; comerciante)*
carrier (kérriier) *(entregador)*
cashier (késhir) *(caixa)*
cleaner (kliner) *(faxineiro)*
clerk (klerk) *(atendente)*
computer analyst (kempiuter enelest) *(analista de computação)*
computer programmer (kempiuter prougremer) *(programador de computação)*
consultant (kensâltent) *(consultor)*
contractor (kontrékter) *(empreiteiro)*
customs officer (kâstems ofisser) *(fiscal da alfândega)*
data processor (deite prosseser) *(processador de dados)*
dealer (diiler) *(negociante)*
delivery person (delívri person) *(entregador)*
designer (dizainer) (desenhista; designer)
driver (draiver) *(motorista)*
editor (éditor) *(editor)*

elevator operator (elevêiter operêiter) *(ascensorista)*
factory worker (féktri wóker) *(operário de fábrica)*
financial auditor (fenénshel (óódeter) *(auditor financeiro)*
financial consultant (fainenshel kensâltent) *(consultor financeiro)*
flight attendant (flait aténdent) *(comissário de bordo)*
franchisee (frenshaizii) *(franqueado)*
franchisor (frenshaizer) *(franqueador)*
head receptionist (héd risépshenist) *(recepcionista-chefe)*
interpreter (interpreter) *(intérprete)*
journalist (djernelist) *(jornalista)*
manager on duty (ménidjer on diuti) *(gerente de plantão)*
manufacturer (meniufékturer) *(fabricante)*
mechanic (mekénik) *(mecânico)*
monitor (mónitor) *(monitor)*
personal assistant (persenel esistent) *(assistente pessoal)*
pilot (páilot) *(piloto de avião, helicóptero, embarcação)*
producer (prediusser) *(produtor)*
real estate agent (riil steit eidjent) *(corretor de imóveis)*
repórter (ripóorter) *(repórter)*
representative (reprizentetive) *(representante)*
sales representative (seilz reprizentetive) *(representante de vendas)*
salesperson (seilzpersen) *(vendedor)*
security guard (sekiuriti gard) *(segurança)*
stock clerk (stók klerk) *(estoquista)*
supplier (seplaier) *(fornecedor)*
tax collector (téks kelekter) *(cobrador de impostos)*
taxi driver (téksi draiver) *(taxista)*
tour guide (tur gaid) *(guia turístico)*
trader (treider) *(comerciante)*
translator/interpreter *(tradutor/intérprete)*
travel agent (trével eidjent) *(agente de viagens)*
truck driver (trâk draiver) *(motorista de caminhão)*
valet parking (vélei parkinh) *(manobrista)*
veterinarian (veterinérien) *(veterinário)*

POSITIONS Cargos

accounts manager (ekaunts ménidjer) *(gerente de contas)*
administrative assistant *(edministretiv essistent) (assistente administrativo/a)*
administrative secretary *(edministretiv sekreteri) (secretária administrativa)*
administrator (edminestreiter) *(administrador)*
board of directors (boórd ev dairekterz) *(conselho de administração)*
brand manager (brend ménidjer) *(gerente de marcas)*
chairman (sheemen) *(presidente)*
colleague (kolig) *(colega)*
commercial manager (kemershel ménidjer) *(gerente commercial)*
co-worker (kou-uerker) *(colega de trabalho)*
executive secretary (igzekiutiv sekreteri) *(secretária executiva)*

marketing manager (m**aa**ketinh **mé**nidjer) *(gerente de marketing)*
office assistant (**ó**fis esi**s**tent) *(assistente de escritório)*
office manager (**ó**fis **mé**nidjer) *(gerente de escritório)*
PA (personal assistant) (**per**senel esi**s**tent) *(assistente pessoal)*
part timer (par **tai**mer) *(trabalhador em regime de meio expediente)*
planning manager (**ple**ninh **mé**nidjer) *(gerente de planejamento)*
PM (personnel director/manager) (perse**nel** dai**rek**ter/**mé**nidjer) *(diretor/gerente de recursos humanos)*
PR (public relations) (**pâ**blik ri**lei**shenz) *(relações-públicas)*
production manager (pro**dâk**shen **mé**nidjer) *(gerente de produção)*
project manager (pro**djekt** **mé**nidjer) (pre**dject** **mé**nidjer) *(gerente de projeto)*
purchasing manager (**per**shesinh **mé**nidjer) *(gerente de compras)*
sales manager (seilz **mé**nidjer) *(gerente de vendas)*
trainee (trei**nii**) *(estagiário)*
trainer (**trei**ner) *(treinador, instrutor)*
training manager (**trei**ninh **mé**nidjer) *(gerente de treinamento)*
treasurer (**tre**jerer) *(tesoureiro)*

PERSONAL RELATIONS Relações pessoais

aunt (ént) *(tia)*
boyfriend (**bói**frénd) *(namorado; amigo)*
coleague (**ko**liig) *(colega de trabalho)*
fiancé/fiancée (fiiônsei) *(noivo/noiva)*
friend (frénd) *(amigo/a)*
girlfriend (**guél**frénd) *(namorada; amiga)*
nephew (**né**fiu) *(sobrinho)*
niece (niiss) *(sobrinha)*
stepfather (**stép**fadher) *(padrasto)*
stepmother (**stép**mâdher) *(madrasta)*
uncle (**ânk**[e]l) *(tio)*

PERSONALITY TRAITS Características de personalidade

assertive (es**er**tiv) *(categórico)*
astute (e**stuut**) *(astuto)*
bored (**bóórd**) *(entediado)*
bright (brait) *(brilhante)*
clever (**klé**ver) *(inteligente; esperto)*
creative (kri**ei**tiv) *(criativo)*
dynamic (dai**né**mik) *(dinâmico)*
enthusiastic (inthuzi**és**tik) *(entusiasmado)*
ethical (**é**thikel) *(ético/moral)*
flexible (**flék**sibel) *(flexível; dócil)*
forceful **fó**(r)**s**ful) *(vigoroso; poderoso)*
hard-working (**haad** **ue**kinh) *(trabalhador; esforçado)*
impatient (im**pei**shent) *(impaciente)*
inefficient (ine**fi**shent) *(ineficiente)*
intuitive (in**tiu**itiv) *(intuitivo)*

loyal (loiel) *(leal)*
moody (muudi) *(de humor variável)*
motivated (moutiveitid) *(motivado)*
neurotic (nurótik) *(neurótico)*
reliable (rilaiebel) *(confiável)*
self confident (self konfident) *(autoconfiante)*
sharp (sharp) *(mordaz; penetrante, arguto)*
slow (slou) *(lento)*
successful (seksésful) *(bem-sucedido; afortunado)*
sympathetic (simpathétik) *(compreensivo; compassivo)*

THE OFFICE O escritório

PARTS OF A BUILDING Partes de um edifício

access ramp (ekssés rémp) *(rampa de acesso)*
business service center (bíznez (servis senter) *(centro de negócios)*
business towers (bíznez tauerz) *(torres comerciais)*
conference and seminar facilities (kónferens én seminar fesilitiz) *(instalações para conferências e seminários)*
façade (fesad) *(fachada)*
fitness center (fitnes senter) *(salão de ginástica)*
fountain (fauntein) *(fonte de água)*
maintenance room (meintenens ruum) *(sala de manutenção)*
office block (ófis blók) *(bloco de escrtitórios)*
offices building (ófis bildinh) *(prédio de escritórios)*
pay phone boot (pei foun buut) *(cabine de telefone público)*
restaurants (resterants) *(restaurantes)*
services lobby (sérvicis lóbi) *(vestíbulo para atendimento)*
stores (stóórz) *(lojas)*

OFFICE ROOMS Salas do escritório

conference room facilities (kónferens ruum fesilitiz) *(sala com instalações para conferência)*
copier & mail room (kopie en meil ruum) *(sala de copiadora e de correspondência)*
employee room (implóii ruum) *(sala dos funcionários)*
executive office suite (igzékiutiv ófis suit) *(suíte de executivo)*
guest office (guest ófis) *(escritório para clientes)*
individual office (indevidjuel ófis) *(escritório individual)*
personalised telephone reception (persenalaizd telefoun risépshen) *(recepção telefônica personalizada)*
private office (praivit ófis) *(escritório particular)*
supply room (seplai ruum) *(almoxarifado)*
training room (treininh ruum) *(sala de treinamento)*
video conference room (vidiou (kónferens ruum) *(sala de videoconferência)*
virtual office (vertshuel ófis) *(escritório virtual)*
waiting room (ueitinh ruum) *(sala de espera)*

◆ KINDS OF OFFICES AND SERVICES   Tipos de escritório e serviço

aerospace and defense industry (érouspeis indestri) *(indústria aeroespacial)*
airlines (éerlainz) *(empresas aéreas)*
art and entertainment (art end enterteinment) *(arte e diversão)*
assembly plant (essembli plént) *(fábrica de montagem)*
auditors services (óditerz sérvisiz) *(serviços de auditores)*
auto makers/industry (óótou indestri) *(fabricantes/indústria de carros)*
beverages/soft drinks company (bevridjz/soft drinks kampeni) *(empresa de bebidas/refrigerantes)*
biotechnicology and pharmaceuticals (baiouteknólodj and farmasutikel) *(biotecnologia e farmacêuticos)*
business administration (bíznez edministreishn) *(administração de empresas)*
careers advisory services (keriirz edvaizeri servisses) *(serviços de aconselhamento profissional)*
chemicals (kemikelz) *(produtos químicos)*
clothes manufacturer (kloudz meniefektsherer) *(fabricante de roupas; confecção)*
construction and maintenance (kenstrâkshen end meintenens) *(construção e manutenção)*
e-commerce (ii-komers) *(comércio eletrônico)*
education and training (edjkeishen end treininh) *(educação e treinamento)*
electronic components/equipment (ilektronik kempounents/ikuipmet) *(componentes eletrônicos)*
energy and environment (enerdji end invairement) *(energia e meio ambiente)*
financial managers (fainenshl ménidjerz) *(gerentes financeiros)*
food processing company (fuud prosessin kampeni) *(empresa processadora de alimentos)*
health care (hélth kér) *(cuidados com a saúde)*
hospitality (hospeteliti) *(hospitalidade)*
hotels (houtelz) *(hotéis)*
investment company (investment kampeni) *(empresa de investimentos)*
law firm (ló ferm) *(firma de advocacia)*
mobile phones suppliers (mobail founz seplaierz) *(fornecedores de telefones celulares)*
news agency (niuz eidjensy) *(agência de notícias)*
office supplies company (ófis seplaiz) *(empresa de material para escritório)*
petrochemical industry (petroukemikel indestri) *(indústria petroquímica)*
publishers (pâblisherz) *(editoras)*
retailer company (riteiler kampeni) *(empresa varejista)*
satellite TV stations (sételait tivi steishenz) *(estações de TV por satélite [assinatura])*
software company (sóóftuer kampeni) *(empresa de software)*
stockbrokers (stókbroukerz) *(corretores de valores)*
telecommunications (telekemiunikeishenz) *(telecomunicações)*
telephone company (telefoun kampeni) *(companhia telefônica)*
toys manufacturer (tóiz meniefektsherer) *(fabricante de brinquedos)*
translation agencies (trenzleishen eidjensies) *(agências de traduções)*
transportation and logistics company (trenzperteishen kampeni) *(empresa de transporte e logística)*
vehicles manufacturer (viihikelz meniefektsherer) *(fabricante de veículos)*
wholesale company (houlseil kampeni) *(companhia varejista)*

OBJECTS Objetos

OFFICE SUPPLIES Suprimentos de escritório

appointment book (epóintment buk) *(agenda de mesa)*
desk calendar (désk kélinder) *(calendário de mesa)*
desk pad (désk péd) *(risque-rabisque)*
highlighter pen (hailaiter pen) *(marcador de texto)*
letter tray (léter trei) *(caixa de correspondência)*
magazine rack (mégazine rék) *(estante de revistas)*
marker pens (maarker penz) *(canetas hidrográficas)*
memo holder (mémou houlder) *(porta-memorandos)*
message board *(quadro de avisos)*
pencil cup (pénsel kâp) *(porta-lápis)*
personal planner/organizer (personal pléner/organeizer) *(agenda pessoal)*
phone book (foun buk) *(índice de telefones)*
phone card (foun kard) *(cartão telefônico)*
rubber stamp (râber stémp) *(carimbo)*
ruler (râler) *(régua)*
stamp pad (stémp péd) *(almofada de carimbo)*
stationery (steisheneri) *(material para correspondência)*
switchboard (suitshbórd) *(mesa telefônica ou painel de controle)*
wall calendar (uól kélinder) *(calendário de parede)*
whiteboard (uaitbórd) *(lousa branca)*

OFFICE FURNISHINGS Móveis e elementos de decoração

carpet (karpet) *(carpete; tapete)*
ceiling (siilinh) *(teto)*
coat closet (kout klozet) *(guarda-casacos)*
coat rack (kout rék) *(chapeleira)*
coffee cart (kófii kart) *(carrinho de café)*
coffee table (kófii teibel) *(mesa de centro)*
conference table (konferens) *(mesa de reuniões)*
cupboard (kâberd) *(armário)*
curtain (kêrt[e]n) *(cortina)*
door (dóor) *(porta)*
drawers (dróerz) *(gavetas)*
floor (flóor) *(soalho/piso)*
floor lamp shade (floor lémp sheid) *(abajur de pé)*
lamp (lémp) *(abajur)*
mirror (mirer) *(espelho)*
rug (râg) *(tapete)*
side table (said teib[e]l) *(mesa de apoio)*
window (uindou) *(janela)*

EQUIPMENTS AND MACHINES Equipamentos e máquinas

answering machine (énserinh machiine) *(secretária eletrônica)*
cassette recorder (kesséte rikóorder) *(gravador cassete)*
cell phone (cél fôun) *(telefone celular)*
coffee machine (kófii meshin) *(máquina de café)*
electric pencil sharpener (iléktric pensil sharpner) *(apontador de lápis elétrico)*
electronic translator (iléktronik trensleiter) *(tradutor eletrônico)*
floopy disks (flópi disks) *(disquetes de computador)*
headset (hédset) *(fones de ouvido)*
multimedia projector (mâltimidie predjekter) *(projetor multimídia)*
paper cutter (peiper kâter) *(guilhotina)*
paper shredder (peiper shreder) *(retalhadora de papel)*
phone system (fôun sístem) *(central telefônica)*
postage machine (pousteidje meshin) *(máquina franqueadora)*
solar calculator (souler kélkiuleiter) *(calculadora solar)*

PRODUCTS Produtos

aerospace and defense products (erouspeis en defens prodekts) *(produtos aeroespaciais e militares/de defesa)*
agricultural equipments (égrekaltsherel ikuipments) *(equipamentos agrícolas)*
books and software publishing (buks end sóóftuere pâblishin) *(publicação de livros e software)*
citrus (sitres) *(produtos cítricos)*
dairy (déri) *(laticínios)*
electrical equipment (ilektrikel ikuipment) *(equipamento elétrico)*
films and vídeos editing (filmz en vidious éditinh) *(edição de filmes e vídeos)*
goods (guudz) *(mercadorias)*
handicrafts (héndikréfts) *(artesanato)*
medical/surgical instruments (médikel/serdjikel instrements) *(intrumentos médicos/cirúrgicos)*
records (rékerdz) *(discos)*
telecommunications (telekemiunikeishenz) *(telecomunicações)*
wines and liquors (uainz en likerz) *(vinhos e outras bebidas alcoólicas)*

MATERIALS Materiais

aluminum (eluumenem) *(alumínio)*
bricks (briks) *(tijolos)*
corduroy (kórduroi) *(veludo cotelê)*
crystal (kristrel) *(cristal)*
fiberglass (faiberglés) *(faiberglass)*
linen (linen) *(linho)*
polyester (poliéster) *(poliéster)*
polyethylene (polietilen) *(polietileno)*
steel (stiil) *(aço)*
straw (stró) *(palha)*
Styrofoam (stairefoum) *(isopor)*
suede (sueid) *(camurça)*

synthetic fiber (sintétik faiber) *(fibra sintética)*
velvet (vélvet) *(veludo)*
vinyl (vainel) *(vinil)*

◆ CONTAINERS Recipientes

bag (bég) *(saco; sacola)*
bottle (bót[e]l) *(garrafa)*
box (bóks) *(caixa)*
can (kén) *(lata)*
carafe (keref) *(garrafa)*
carton (kârt[e]n) *(embalagem de cartão ou plástico)*
glass (glés) *(copo)*
jar (djar) *(jarra)*
pot (pót) *(jarro; pote)*

◆ AMOUNTS AND MEASURES Quantidades e medidas

a foot (a fut) *(um pé = 0,3048 m)*
a gallon (a guélen) *(um galão = 3,78 litros [EUA]/4,5 litros [GB])*
an inch (én intch) *(uma polegada = 2,54 cm)*
a litre (a liter) *(um litro)*
a mile (a mail) *(uma milha = 1,609 km)*
an ounce (én auns) *(uma onça = 28 grams)*
a package (a pékidj) *(um pacote; um volume)*
a packet (a péket) *(um pacote pequeno)*
a piece (a pies) *(um pedaço)*
a pint (1 pt) (a paint) *(1 quartilho = 0,473 litro [EUA]/0,568 litro [GB])*
a pound (a paund) *(uma libra = 0,453 kg)*
a quarter (a kuóórter) *(um quarto)*
a roll (a roul) *(um rolo)*
a tube (a tiub) *(um tubo)*

◆ PATTERNS Padrões

checked (tchékt) *(quadriculado)*
flowered (flauerd) *(floral)*
lines (lainz) *(linhas)*
plaid (pléd) *(xadrez)*
plain (plêin) *(liso)*
polka dot (pólka dót) *(de bolinhas)*
print/patterned (print/pétternd) *(estampado)*
striped (straipt) *(listrado)*

QUALITIES Qualidades

beautiful (bíutiful) *(bonito)*
bitter (bíter) *(amargo)*
busy (bízi) *(ocupado)*
cheap (tchiip) *(barato)*
chilled (tchild) *(resfriado [bebidas])*
dry (drai) *(seco)*
excellent (ékselent) *(excelente)*
exotic (igzótik) *(exótico)*
expensive (ikspénsiv) *(caro)*
fake (feik) (falso; adulterado)
fancy (fénsi) *(chique)*
flexible (fléksibel) *(flexível; dobrável)*
high (hai) *(alto)*
large (lardj) *(grande)*
little (lir[e]l) *(pequeno)*
low (lou) *(baixo)*
narrow (nérou) *(estreito)*
old (ould) *(velho)*
plain (plein) *(simples)*
poor (puur) *(pobre; de má qualidade)*
rich (ritch) *(rico; de boa qualidade)*
right (rait) *(certo)*
small (smól) *(pequeno)*
soft (sóft) *(macio, suave)*
strong (stronh) *(forte)*
sweet (suit) *(doce)*
tall (tól) *(alto)*
ugly (âgli) *(feio)*
weak (uik) *(fraco)*
wide (uaid) *(largo)*
wonderful (uanderful) *(maravilhoso)*
wrong (rong) *(errado)*
young (ianh) *(jovem)*

BUSINESS GLOSSARY Glossário comercial

COMMUNICATION Comunicação

(in) accordance with (in ekerdens with) *(de acordo com)*
(to) acknowledge (eknolidj) *(acusar recebimento)*
(in) advance (in edvens) *(antecipadamente)*
advice of payment (edvais ev peiment) *(aviso de pagamento)*
agreement (egriment) *(acordo)*
apology (epólodji) *(desculpa)*
(to) apologize for (apolodjaiz for) *(pedir desculpas por)*
(on) approval (on epruuvel) *(sob condição)*
as mentioned (ez mentshend) *(conforme mencionado)*
(to) be grateful for (bi greitful for) *(ser/estar grato/agradecido por)*
breach of contract (briitsh ev kontrekt) *(quebra de contrato)*
(by) proxy (bai próksi) *(por procuração)*
company law (kampeni ló) *(direito/legislação empresarial)*
contract (kontrekt) *(contrato)*
contract of employment (kontrekt ev employment) *(contrato de trabalho)*
draft (draft) *(rascunho)*
due date (diu deit) *(data de vencimento)*
duly signed (duuli saind) *(devidamente assinado)*
inquiry (inkuairi) *(consulta)*
hereby (hirbai) *(por esta ação/documento)*
included (inkluudid) *(incluído)*
initial order (inishel órder) *(pedido inicial)*
prior notice (praier noutis) *(notificação anterior)*
registered letter (redgesterd léter) (carta registrada)
(on) request (on rikuést) *(a pedido)*
(to) subscribe (sebskraib) *(assinar, subscrever)*
terms of payment (termz ev peiment) *(termos de pagamento)*
under mentioned (ânder mentshend) *(abaixo mencionado/a/s)*
(to) warrant (wórent) *(garantir)*
warranty (uórenti) *(garantia)*
with reference to (uidh réferens tu) *(com referência a)*

BANKING TERMS Termos bancários

amount due (emaunt diu) *(valor devido)*
(to) be overdrawn (bi euverdrón) *(estar em débito)*
bill of exchange (bil ev iksheindj) *(ordem de pagamento)*
blank cheque (blénk tshék) *(cheque em branco)*
extension of payment time (ikstenshen ev peiment taim) *(prorrogação do tempo de pagamento)*
failure to pay (feilier to pei) *(atraso no pagamento)*
financial statement (fenentshel steitment) *(resultado financeiro)*
reimbursement (riimbers) *(reembolsar; compensar)*
remittance (rimitens) *(remessa; quantia remetida)*
statement of account (steitement ev ekaunt) *(extrato bancário)*

◆ FINANCIAL TERMS   Termos financeiros

accounting error (ekauntinh érer) *(erro contábil)*
actual market value (éktshuel) *(valor real de mercado)*
advance payment (edvéns peiment) *(pagamento adiantado)*
after-sales services (after seilz sérvis) *(serviços pós-venda)*
airfreight (érfreit) *(frete aéreo)*
allowance reduction (elauens ridâkshen) *(redução de subsídio/pensão)*
annual statement (éniuel steitment) *(resultado anual)*
asset (ésset) *(bem/propriedade)*
balance sheet (bélens shiit) *(folha de balanço)*
bankruptcy (benkrepsi) *(falência)*
bargain (bargen) *(pechincha; barganha)*
bid (bêd) *(oferta para comprar algo)*
bill of exchange (bil ev iksheindj) *(letra de câmbio)*
bill of landing (bil ev léndinh) *(guia de remessa)*
bonus (bounez) *(bônus)*
budget (bâdjet) *(orçamento)*
buyer (baier) *(comprador)*
capital (képetel) *(capital/dinheiro para investimento)*
carriage free (kéridj frii) *(frete gratuito)*
carriage paid (kéridj peid) *(frete pago)*
cash flow (késh flou) *(fluxo de caixa)*
cash on delivery (késh on delívri) *(entrega contra reembolso)*
deal (diil) *(negócio; negociação)*
decrease (dikriiz) *(diminuição [nas vendas])*
exchange rate (iksheindj reit) *(taxa de câmbio)*
expenses (ikspensiz) *(despesas)*
fee (fii) *(taxa de serviço)*
finance (fenens) *(finanças)*
financial market (fenentshel market) *(mercado financeiro)*
free of charge (frii ev tcharj) *(livre de cobrança)*
in storage (in stóóridje) *(armazenado/a)*
income (inkâm) *(renda)*
increase (inkriiz) *(aumento[nas vendas])*
insurance (inshurens) *(seguro)*
liabilities (laiebilitis) *(dívidas; compromissos financeiros)*
on delivery (on delívri) *(pagamento em dinheiro mediante entrega)*
preferential rate (preferentshel reit) *(taxa preferencial)*
profit margin (prófit mardjin) *(margem de lucro)*
quotation (quoteishen) *(cotação)*
rate (reit) *(taxa de juro; taxa de câmbio)*
replacement (ripleisment) *(reposição; substituição)*
requirement net price (rekuairment nét prais) *(solicitação de preço líquido)*
sample (sémp[e]l) *(amostra)*
sold out (sould aut) *(vendido; esgotado)*
spare part (spér part) *(peça de reposição; sobressalente)*
supplier (seplaier) *(fornecedor)*

survey of damage (servei ev **dé**midj) *(inspeção de danos)*
trade fair (treid fér) *(feira de comércio)*
turnover (ter**nouver**) *(movimento de negócios)*
unit price (**iu**nit prais) *(preço unitário)*
value added tax (VAT) (**vé**liu **é**ddid téks) *(imposto sobre valor agregado)*

◆ VERBS RELATED TO FINANCE — Verbos relacionados a finanças

Present *(present)*	Past (passado)
(to) **approve** (e**pruuv**) (aprovar)	**approved** (e**pruuvd**)
(to) **attend** (e**tend**) *(assistir/participar)*	**attend** (e**tend**id)
(to) **begin** (bi**guin**) *(começar)*	**began** (bi**guén**)
(to) **build** (bild) *(contruir)*	**built** (bilt)
(to) **buy** (bai) *(comprar)*	**bought** (bót)
(to) **cancel** (**ken**sel) *(cancelar)*	**canceled** (**ken**seld)
(to) **communicate** (kemi**u**nikeit) *(comunicar)*	**communicated** (kemi**u**nikeitid)
(to) **deal** (diil) *(negociar)*	**dealt** (délt)
(to) **double** (**dâ**bel) *(dobrar)*	**doubled** (dâbeld)
(to) **evaluate** (i**vé**liueit) *(avaliar)*	**evaluated** (i**vé**liueitid)
(to) **exchange** (iks**tsheind**j) *(trocar)*	**exchange** (iks**tsheind**jd)
(to) **expand** (iks**pend**) *(expandir; ampliar)*	**expand** (iks**pend**id)
(to) **export** (eks**poort**) *(exportar)*	**exported** (eks**poort**id)
(to) **import** (im**poort**) *(importar)*	**imported** (im**port**id)
(to) **improve** (im**pruuv**) *(melhorar)*	**improved** (im**pruuvd**)
(to) **increase** (in**kriiz**) *(aumentar)*	**increased** (in**kriizd**)
(to) **invoice** (**in**vois) *(faturar/fazer fatura)*	**invoiced** (**in**voisd)
(to) **launch** (lóntsh) *(lançar produto)*	**launched** (lóntshd)
(to) **manage** (**mé**nidj) *(controlar; organizar)*	**managed** (**mé**nidjd)
(to) **merge** (méedj) *(juntar empresas)*	**merged** (méedjd)
(to) **negotiate** (nigoushieit) *(negociar)*	**negotiated** (nigoushi**eit**id)
(to) **organize** (**oor**ganaiz) *(organizar)*	**organized** (**oor**ganaizd)
(to) **owe** (ou) *(dever/ser devedor)*	**owed** (oud)
(to) **own** (oun) *(possuir)*	**owned** (ound)
(to) **persuade** (per**sueid**) *(persuadir)*	**persuaded** (per**sueid**id)
(to) **plan** (plén) *(planejar)*	**planned** (plénd)
(to) **postpone** (poust**poun**) *(adiar)*	**postponed** (poust**pound**)
(to) **promote** (pre**mout**) *(promover)*	**promoted** (pre**mout**id)
(to) **purchase** (**per**tshez) *(comprar)*	**purchased** (**per**tshezd)
(to) **put** (put) *(pôr/colocar)*	**put** (put)
(to) **recommend** (reke**mend**) *(recomendar)*	**recommended** (reke**mend**id)
(to) **reduce** (ri**duus**) *(reduzir)*	**reduced** (ri**duust**)
(to) **refund** (ri**fând**) *(restituir/devolver)*	**refunded** (ri**fând**id)
(to) **remind** (ri**maind**) *(lembrar alguém de alguma coisa)*	**reminded** (ri**maind**id)
(to) **renew** (riniu) *(renovar)*	**renewed** (riniud)
(to) **report** (ri**póort**) *(relatar)*	**reported** (ri**póort**id
(to) **request** (ri**kuést**) *(solicitar)*	**requested** (ri**kuést**id)
(to) **retail** (riteil) *(vender a varejo)*	**retailed** (riteild)

(to) sell (sél) *(vender)* — **sold** (sould)
(to) settle (sétel) *(resolver algo; pagar dívida)* — **settled** (set[e]ld)
(to) ship (ship) *(despachar; embarcar)* — **shipped** (shipt)
(to) sign (sain) *(assinar)* — **signed** (saind)
(to) solve (soulv) *(resolver/solucionar)* — **solved** (soulvd)
(to) spend (spend) *(gastar)* — **spent** (spent)
(to) store (stóór) *(abastecer/armazenar)* — **stored** (stóórd)
(to) transfer (trénsfer) *(transferir)* — **transfered** (trénsferd)
(to) upgrade (âpgreid) *(melhorar a qualidade de um produto)* — **upgraded** (âpgreidid)

EXPRESSÕES — Expressões

(to) be bankrupt (bi benkrept) *(estar falido)*
(to) be in charge of (bi in tchardj ev) *(estar encarregado de)*
(to) be responsible for (bi risponseb(e)l fer) *(ser responsável por)*
(to) dispatch to (dispétch) *(despachar)*
(to) go on training courses (gou on treininh kóosiz) *(ir a treinamentos)*
(to) grant a discount (grént a diskaunt) *(concederr um desconto)*
(to) have something in stock (hév somethinh in stóck) *(ter alguma coisa em estoque)*
(to) quote a price (quout a prais) *(cotar um preço)*
ready for dispatch (rédi fer dispétch) *(pronto para despacho)*
(to) repeat order (ripit order) *(repetir pedido)*
(to) satisfy a requirement (sétisfai e rikaierment) *(atender a uma solicitação)*
(to) take over (teik ouver) *(assumir)*
under separate cover (ânder sépereit kâver) *(em envelope/pacote separado)*

ORDERS — Pedidos

order approval (órder epruuvel) *(aprovação de pedido)*
payment by cheque (peiment bai tshék) *(pagamento com cheque)*
payment in advance (peiment in edvens) *(pagamento adiantado)*
payment on account (peiment on ekaunt) *(pagamento em conta)*
price fluctuation (prais flâktshueishen) *(flutuação de preços)*
price list (prais list) *(lista de preços)*
price range (prais reindj) *(limite de variação de preços)*
price reduction (prais ridâkshen) *(redução de preço)*
quality control (kuóliti kentroul) *(controle de qualidade)*
rise (raiz) *(aumento)*
total quality management (TQM) (tout[e]l kuóliti ménidjement) *(controle total de qualidade)*

SPECIAL SERVICES   Serviços especiais

HOTELS   Hotéis

TYPES OF ACCOMMODATION   Tipos de acomodação

chalet (tchélei) *(chalé tipo suíço)*
ecoresort (ikourizórt) *(centro de ecoturismo)*
farm hotel (farm houtél) *(hotel-fazenda)*
health resort (hélth rizórt) *(estância de saúde)*
hydromineral resort (haidromineral rizórt) *(estância hidromineral)*
self-catering (sélf keitring) *(acomodação para pessoas que providenciam a própria alimentação)*
spa (spa) *(spa)*

HOTEL LOCATION   Localização do hotel

beach (biitch) *(praia)*
beach front (biitch front) *(de frente para a praia)*
by a lake (bai a leik) *(junto a um lago)*
by a river (bai a river) *(junto a um rio)*
by a dam (bai e dém) *(junto a uma represa)*
hydromineral resort (haidromineral rizórt) *(estância hidromineral*
in the country (in dhekântri) *(no campo)*
in the mountains (in dhe maunteins) *(nas montanhas)*
in a park (in e park) *(no parque)*
in the rain forest (in dhe rein fórest) *(na floresta tropical)*
on a farm (on e farm) *(numa fazenda)*
on an island (on én ailand) *(numa ilha)*
urban (êrben) *(zona urbana)*
urban central (êrben central) *(urbana central)*
urban by the beach (êrben bai the biich) *(zona urbana/praia)*

FACILITIES FOR EXECUTIVES   Comodidades para executivos

amphitheater (émfithieter) *(anfiteatro)*
business center (biznes center) *(centro de negócios)*
data port connection (deita pórt konékshen) *(terminal de conexão de dados)*
fast track Internet (fést trék ínternet) *(acesso rápido à Internet)*
rental office (rêntal ófis) *(escritório para alugar)*
video conference (vidiou kónferens) *(videoconferência)*
work station (uôrk steishen) *(estação de trabalho)*

EXCURSIONS   Excursões

cultural tour (kâltsh[e]râl tur) *(excursão cultural)*
educational tour (edjekeishen[e]l tur) *(excursão educacional)*
fishing tour (fishinh tur) *(excursão de pesca)*
medicinal springs (médicinel springz) *(fontes medicinais)*
mineral springs (minerel springz) *(fontes de água mineral)*
rafting (réftinh) *(rafting)*
rain forest (rein fórest) *(floresta tropical/equatorial)*

rappel (rapél) *(rapel)*
tracking (trékinh) *(trilha)*
waterfall (uóterfól) *(cachoeira)*

PLACES AND SHOPS — Lugares e estabelecimentos comerciais

audio and video shop (ódiou en vidiiou shóp) *(loja de áudio e vídeo)*
church (tchârtch) *(igreja)*
clothes shop (kloudhz shóp) *(loja de roupas)*
department store (department stóór) *(loja de departamentos)*
gift shop (guift shóp) *(loja de presentes)*
jeweller's shop (djuulerz shóp) *(joalheria)*
photo shop (foutou shóp) *(artigos de fotografia)*
restaurant (rést(e)rent) *(restaurante)*
shoe shop (shuu shóp) *(loja de calçados)*
souvenirs shop (suvenirz shóp) *(loja de lembranças)*
stationer's shop (steishenerz shóp) *(papelaria)*
theater (thiater) *(teatro)*
video rental store (vidiiou rental stóór) *(locadora de vídeo)*
vision center (vijen center) *(óptica)*

TRANSPORTATION — Transporte

KINDS OF TRANSPORTATION — Tipos de transporte

by bus (bai bâs) *(de onibus)*
by cable car (bai keib(e)l kaar) *(de teleférico)*
by car (bai kaar) *(de carro)*
by cogwheel railway (bai kóg uil reil uei) *(de bondinho elétrico)*
by boat (bai bout) *(de barco)*
by jeep (bai djiip) *(de jipe)*
by schooner (bai skuuner) *(de escuna)*
by plane (bai plein) *(de avião)*
by riverboat (bai river bout) *(de barca no rio)*
by ship (bai ship) *(de navio)*
on horse back (on hóórs bék) *(a cavalo)*
on foot (on fut) *(a pé)*
by train (bai trein) *(de trem)*
with private driver (widh praivet draiver) *(com motorista particular)*

MEALS — Refeições

BREAKFAST — Café-da-manhã

bacon (beiken) *(bacon; toucinho defumado)*
cocoa (koukou) *(chocolate em pó)*
condensed milk (kondénst milk) *(leite condensado)*
decaffeinated coffee (dikéfineitid kófii) *(café descafeinado)*
jam (djém) *(geléia)*
marmalade (marmeleide) *(geléia de laranja)*

pancake (**pén**keike) *(panquecas)*
pastries (**peis**tries) *(pastelaria/massas)*
porridge (**pó**ridje) *(mingau)*
sausage (**só**ssidje) *(lingüiça/salsicha)*
waffle (**ua**fel) *(waffle)*

BREAD Pães

a slice of bread (a slais óv bréd) *(uma fatia de pão)*
bread loaf (bréd louf) *(pão de fôrma)*
bread rolls (bréd roulz) *(pãezinhos)*
brown bread (braun bréd) *(pão integral)*
cheese bread (tchiiz bréd) *(pão de queijo)*
croissant (kroa**ssan**) *(croissant)*
French bread (frentch bréd) *(pão francês)*
pita bread (**pi**ta bréd) *(pão sírio)*
rye bread (**rai** bréd) *(pão de centeio)*
toast (toust) *(torrada)*

EGGS Ovos

bacon and eggs (**bei**ken én égz) *(ovos com bacon)*
boiled egg (bóild ég) *(ovo cozido)*
fried egg (fraid ég) *(ovo frito)*
ham and eggs (hém én égz) *(ovos com presunto)*
poached egg (**pou**tchd ég) *(ovo pochê)*
scrambled eggs (**skré**mb(e)ld égz) *(ovos mexidos)*
sunny side up (sâni said âp) *(ovo frito com gema mole)*
turned over (**tâ**rnd ouver) *(ovo frito virado para baixo, com gema dura)*

FRUIT Frutas

almond (**á**mend) *(amêndoa)*
cashew (**ké**shiu) *(caju)*
chestnut (**tchés**tnât) *(castanha)*
coconut (**kou**k(e)nât) *(coco)*
date (deit) *(tâmara)*
fig (fig) *(figo)*
guava (**gua**va) *(goiaba)*
hazelnut (**hei**z(i)lnât) *(avelã)*
mango (**mén**gou) *(manga)*
nectarine (**néc**terin) *(nectarina)*
nut (nât) *(noz)*
papaya (pê**paia**) *(mamão)*
passion fruit (**pé**sh(e)n fruut) *(maracujá)*
peanut (**pii**nât) *(amendoim)*
persimmon (pér**ssi**mon) *(caqui)*
prune (prun) *(ameixa preta)*
quince (kuins) *(marmelo)*
raspberry (**réz**béri) *(framboesa)*

starfruit (starfrut) *(carambola)*
tangerine (téndjerine) *(tangerina)*
walnut (uolnât) *(noz)*

ROTEIRO PARA O CD

1 WELCOMING CLIENTS

GREETINGS

Good morning!
Good afternoon!
Good evening!
Good night!
Goodbye!
Bye, bye! See you!

TITLES/ADDRESSING PEOPLE

Mr.	sir
Mrs.	madam
Miss	miss

WELCOMING CLIENTS

Welcome, sir/madam.
It's good to see you again, sir.

INTRODUCTIONS

FORMAL INTRODUCTIONS

How do you do?
How do you do.

INFORMAL INTRODUCTIONS

Hi!/Hello!
What's your name?
My name is Laura.
It's nice to meet you.
Nice to meet you, too.
How are you?
How are you doing?
I'm fine, thanks.

POSSESSIVES

my your his her its our your their

COUNTRIES AND NATIONALITIES

Brazil	Brazilian
France	French
Germany	German
Italy	Italian
Japan	Japanese
Portugal	Portuguese
Spain	Spanish
The United States	American

Where are you from?
I am from Brazil./I'm from Brazil.

THE ALPHABET

A B C D E F G H I J K L M
N O P Q R S T U V W X Y Z

SPELLING

Please spell your name.
Spell your first name.
Spell your last name, please.

USEFUL EXPRESSION

Pleased to meet you!

2 IDENTIFYING PEOPLE

IDENTIFYING PEOPLE

I am Pedro Lima.

I you he she it we you they

VERB TO BE

Affirmative: I am a secretary.
She is a receptionist.

Negative: I am not a secretary.
She is not a receptionist.

Interrogative: Am I a secretary?
Is she a receptionist?

WHO?

Who are you?
Who is he?

FAMILY MEMBERS

father	daughter	brother-in-law	grandmother
mother	husband	sister-in-law	grandson
brother	wife	son-in-law	granddaughter
sister	father-in-law	daughter-in-law	cousin
son	mother-in-law	grandfather	

SHORT ANSWERS

Are you German?
Yes, I am./No, I'm not.
Is Peter your brother?
Yes, he is./No, he isn't.

COMPANY ORGANIZATION

PROFESSIONS

What's your job?
I'm a telephone operator.

What's her profession?
She's a secretary.

accountant	doctor	receptionist
architect	economist	secretary
businessman	engineer	technician
dentist	lawyer	telephone operator

POSITIONS

assistant	finance director	president
boss	general manager	supervisor
chief executive officer	manager	vice director
director	managing director	vice president
executive director	partner	

What's your position?
I am a director personal assistant.

USEFUL EXPRESSION

Have a nice day!

3 THE OFFICE

KINDS OF OFFICES AND SERVICES

accountancy services
advertising & marketing agency
administrative services
banking
dentist's office
doctor's office
virtual office

THE WORKPLACE

conference room
deposit
director's office
general office
head office
headquarters
kitchen facilities
meeting room
reception
restrooms
storage room

DEPARTMENTS

dispatch department
distribution department
export department
financial department
legal department
personnel management/human resources
production department
purchasing department
quality control department
research & development department
sales department

GIVING INDOORS DIRECTIONS

Excuse me, sir. Where is the food court?
Go down the corridor and turn left.
Excuse me, madam. Where are the restrooms?
Pass the reception and turn right.

in front of	behind	left	up
next to	between	right	down

THE BUSINESS CENTER

administrative center
auditorium
conference/convention center
elevators hall
fitness center
food court
heliport
main entrance
offices
parking
restrooms
stores
underground parking

THERE IS/THERE ARE

There is a coffee shop in the food court.
There are two banks in the building.
Is there a fitness center here?
Yes, there is.
Are there meeting rooms?
Yes, there are.
There isn't video conferencing today.
There aren't escalators in this building.

USEFUL EXPRESSION

May I help you?

4 TALKING ABOUT OBJECTS

RECEPTION OBJECTS

OFFICE SUPPLIES

adhesive tape	diary	letter opener	pen
brochures	envelope	notepad	pencil
business card	eraser	paper	scissors
calendar	file	paper clips	stapler

FURNITURE

chair	desk	shelf	swivel chair
counter	filing cabinet	sofa	table

EQUIPMENT AND MACHINES

calculator	electronic typewriter	printer
computer	fax machine	security camera
cordless phone	OHP overhead projector	telephone
credit card machine	photocopier	

PARTS OF A COMPUTER

tower	mouse	keyboard	disk drive
monitor	mouse pad	speakers	

PARTS OF A COMPUTER PRINTER

printer	printer ribbon	ink cartridge
laser toner cartridge		

PARTS OF A FAX MACHINE

telephone set	keys	fax roll	ink cartridge

ASKING ABOUT OBJECTS

What's this?
This is a calculator./It's a calculator.
What are these?
These are paper clips./They are paper clips.
What's that?
That's a filing cabinet.
What are those?
Those are pens./They are pens.

USEFUL EXPRESSION

Thanks very much for your help.

5 COMPANY PROFILES

COMPANY FACTS

activity	head office	manufacturer
brands	headquarters	turnover
employees	location	number of companies in the group

TYPES OF COMPANIES

associate company
broadcasting company
chain stores company
family company
franchising
holding company
joint venture
limited company
multinational company
national company
subsidiary company
trading company

What kind of company is DBS?
It's a multinational company.
DBS Publishers is a subsidiary of DBS Enterprises.
Where is the head office?
It's in Chicago, US.
How many employees?
How many factories does it have?
What kinds of products?
What does it produce?
What are its services?

ACTIONS IN THE PRESENT

Affirmative: I speak English.
He speaks Portuguese.
Negative: I don't speak Spanish.
She doesn't speak Japanese.
Interrogative: Do you speak Chinese?
Does Marco speak Italian?

FREQUENCY WORDS

everyday
always
usually
sometimes
never

SHORT ANSWERS

Do you speak Japanese everyday?
Yes, I do./No, I don't.
Does Ann speak Portuguese?
Yes, she does./No, she doesn't.

HOW OFTEN?

How often do you speak English?
How often does she speak French?

SOME IMPORTANT VERBS

VERB TO WORK

Affirmative: I work everyday.
Negative: They don't work here.
Interrogative: Does she work?

VERB TO NEED

Affirmative: We need our badge.
Negative: He doesn't need another chair.
Interrogative: Do you need a pen, madam?

USEFUL EXPRESSION

Sorry to keep you waiting.

6 DEALING WITH NUMBERS

NUMBERS 1 TO 20

one	six	eleven	sixteen
two	seven	twelve	seventeen
three	eight	thirteen	eighteen
four	nine	fourteen	nineteen
five	ten	fifteen	twenty

HOW MANY?

How many people?
How many books?

TELEPHONE NUMBERS

What's your phone number, please?
My phone number is...

MORE NUMBERS

twenty	fifty	eighty	one thousand
thirty	sixty	ninety	one million
forty	seventy	one hundred	

DATES

DAYS OF THE WEEK

Monday	Wednesday	Friday	Sunday
Tuesday	Thursday	Saturday	

What day is today?
Today is Wednesday.

MONTHS

January	April	July	October
February	May	August	November
March	June	September	December

What month is this?
It's August.

WRITING DATES

first	fourth	seventh	tenth
second	fifth	eighth	
third	sixth	nineth	

What's the date today?
Today is...

USEFUL EXPRESSION

I'm sorry. I don't know.

7 TELLING THE TIME

TELLING THE TIME

What time is it?
What's the time?

It's two o'clock.
It's eight o'clock.
It's eleven o'clock.
It's midday/noon.
It's midnight.
It's 6:00 a.m./It's six in the morning.
It's 6:00 p.m./It's six in the afternoon.
It's half past seven./It's seven thirty.
It's a quarter past ten./It's a quarter after ten./It's ten fifteen.
It's a quarter to eleven./It's ten forty-five.
It's ten past/after nine./It's nine ten.
It's twenty past/after nine./It's nine twenty.
It's twenty to ten./It's nine forty.

OPENING AND CLOSING TIMES
What are the office hours?
The office hours are from 9:00 a.m. to 6:00 p.m.
What time does the food court open?
It opens at 7 a.m.
What time does the snack bar close?
It closes at 11 p.m.

WHEN?
When is the congress?

HOW LONG?
How long does the meeting take?
It takes about two hours.

GENERAL REQUESTS
I'd like some pencils, please.
Can I have some pens, please?
Would you like something?
Can somebody help me?
I don't want any tea.
He doesn't want anything.
Is there anything in the briefcase?
Do you have any questions?

USEFUL EXPRESSION
Anything else?

8 PERSONAL SERVICES

PERSONAL SERVICES
MAKING APPOINTMENTS
Can I make an appointment with Mr. Johnson?
What day is good for you?
When would you like it to be?
Is he free on Monday at 2:00 p.m.?
When is he free?
Is Wednesday convenient?
Yes, that's fine.

RECEIVING CLIENTS
Can I help you?
Would you sit down, please?
Can I have your name?
Do you have a scheduled appointment?
Under what name?

REGISTRATION FORM
Would you please fill out this form?
I need some form of identification, please.
I'm sorry. Mr. Jones isn't in his office this morning.
Mr. Jones is in a meeting.
Mr. Clark is abroad on business.

ANNOUNCING THE CLIENT
I have an appointment with Mr. Jones at 3:30.
I'd like to speak to Mrs. Clark.
Can I talk to Ms. Murray, please?
Just a moment, please.
Let me check it.
I will announce you.
Follow me, please.
I'll take you to his office.

MORE USEFUL VERBS
VERB TO LIKE
Affirmative: I like this office.
Negative: They don't like the meeting room.
Interrogative: Does she like the hotel?

VERB TO HAVE
Affirmative: I have a Brazilian passport.
She has four suitcases.
Negative: Frank doesn't have a computer.
Interrogative: Do you have business cards?

VERB TO ARRIVE
Affirmative: Mrs. Ferris arrives on Sunday afternoon.
Negative: Mr. Kim doesn't arrive today.
Interrogative: Do they arrive tomorrow?

USEFUL EXPRESSION
Let me check it.

9 TELEPHONE SERVICES

TELEPHONE SERVICES
WRONG NUMBER
I'm sorry, but you dialed the wrong number.
Please call directory assistance.

TRANSFERING PHONE CALLS
I'll put you through.
Hold on, please.
I will try to find him.
Mr. Sanders is not in his office at the moment.
Mrs. Green went out.
Could you leave a message, please?
There is no answer.
The office line is busy. Could you hold on for a moment?

LOCAL AND INTERNATIONAL CALLS
What's the area code?
The state area code is 11.
What is the international access code?
The international access code is 00.
What's the (country) area code?
The country area code is 33.
May I have directory assistance, please?

MORE USEFUL VERBS
VERB TO WANT
Affirmative: I want more details, please.
Negative: I don't want another product.
Interrogative: Do you want an outside line?

VERB TO WRITE
Affirmative: We write reports everyday.
Negative: They don't write in English.
Interrogative: Do you write memos everyday?

VERB TO READ
Affirmative: I read the newspaper in the morning.
Negative: We don't read the letters every week.
Interrogative: Do you read any magazines?

ASKING AND OFFERING
Can I have a catalog, please?
Could I have a coffee, please?
Of course!
Certainly!
Here you are, madam.
I'll see to it, sir.
I'll check on it.
I'll get that for you.
Would you like a brochure, sir?

SUGGESTING AND RECOMMENDING
What do you recommend?
I recommend the Green Park Hotel.
What do you suggest?
I suggest a city tour.

USEFUL EXPRESSION
Who's calling, please?

10 DEALING WITH FIGURES

DEALING WITH FIGURES

SAYING MONEY FIGURES

nine dollars eighty
seventy-five pounds fifty
three hundred and sixty euros
eight hundred and forty-seven Mexican pesos
one/a million
four billion
eight point five billion dollars
How much is this?
Where can I change money?
We have only dollars, not local currency.
What are the exchange rates today?
I'd like to change these dollars.
How many reais will I get for these euros?

FINANCIAL TERMS

account
account balance
banknote
bill/check
bureau de change
cash
change
checkbook
coin
credit
credit card
debt
deposit
foreign currency
installment credit
installment sale
loan
receipt
statement
withdrawal

FINANCIAL TRANSACTIONS

actual price
amount
cost
discount
interests
invoice
net price
order
payment
percentage
price
retail
stock
wholesale

ACTIONS IN THE PRESENT

now
right now
at present
at the moment
presently
nowadays

Affirmative: Mr. Parker is working now.
Negative: Mr. Parker is not working now.
Interrogative: Is Mr. Parker working now?

USEFUL EXPRESSION

How can I help you?

11 COMMUNICATIONS

VERBAL COMMUNICATIONS

answering machine
conference call
speaker phone
video conference
voice mail

WRITTEN COMMUNICATIONS
bulletin board
e-mail
fax message
invitation
letter
memo (memorandum)
newsletter
written message

USEFUL EXPRESSION
Our computers are down.

12 PLANNING EVENTS

MEETINGS
agenda
item
meeting chairman
minute
participants
proposal
report
to attend
to propose
to second
to vote (for)

PARTS OF A MEETING
Good morning/afternoon, everyone.
If we are all here, let's start.
We're pleased to welcome and introduce...
We're here today to...
Excuse me for interrupting.
In my opinion...
How do you feel about...?
I have to agree with...
(I'm afraid) I can't agree.
I suggest that...
I recommend that...

CONFERENCES AND CONGRESSES
THE BUSINESS CENTER
reservations office
technology concierge
conference delegates
meeting planners

EXECUTIVE FACILITIES
auditorium
conference room
computer workroom
secretarial services
simultaneous translators service
e-mail/faxing/copying/scanning/printing services

PRESENTATIONS MATERIAL
easel
flip chart
handouts
laser pointer
lectern
marker
microphone stands
OHT (overhead transparencies)
screen
whiteboard

EQUIPMENT RENTAL
air-conditioning remote control
amplifiers
data show
headsets

Internet access
loudspeakers
OHP (overhead projector)
simultaneous transmission system
sound equipment
tape recorder
VCR equipment
video conferencing
wired and wireless microphones
wireless equipment

GIVING INSTRUCTIONS

turn
turn on
turn off
turn up
turn down
press
choose
open
close
put in

BANQUETS AND PARTIES

banquet
lunch party
dinner party
birthday party
cocktail party
press conference
open bar/appetizers

USEFUL EXPRESSION

I'm sorry, it's not available at the moment.

13 ACTIONS IN THE FUTURE

ACTIONS IN THE FUTURE

DECISIONS AND PROMISES

Affirmative: I will bring your folder immediately, madam.
The manager will bring your invoice in a minute.
Negative: The receptionist won't bring the mail.
I won't bring my car.
Interrogative: Will you bring the receipt?
Will they bring the invitations?

FUTURE PLANS

Affirmative: The businessmen are going to leave the day after tomorrow.
I am going to leave at seven o'clock.
Negative: We are not going to leave for Brasília tomorrow night.
Mrs. Johnson is not going to leave tonight.
Interrogative: Is Miss White going to leave next week?
Are you going to leave next Sunday?

COMPLAINTS AND APPOLOGIES

There aren't enough catalogues.
I'm sorry. I'll see to it immediately.
This file is too small.
I'm sorry, sir. I'll get you another one.
There is a mistake in our order.
I'm sorry, madam. I'll check right away.

USEFUL EXPRESSION

I'll be right with you.

14 DESCRIBING PRODUCTS

DESCRIBING PRODUCTS

KINDS OF PRODUCTS

agricultural products
auto parts
ceramics
chemicals
clothes
electronics
fashion
food
footwear
furniture
leather goods
medical/surgical instruments
metals
minerals
musical instruments
precious/semi precious stones
textiles
wood

MATERIALS

acrylic
clay
copper
cotton
fabric
glass
gold
ivory
leather
metal
paper
plastic
rubber
silk
silver
stainless steel
wood
wool

COLORS

black
blue
brown
gray
green
pink
purple
red
white
yellow

Where is it from?
It's from China.
Where is it made?
It's made in Brazil.
What is it made of?
It is made of plastic and rubber.
Is it made of wood?
What color is it?
What color are they?

SHAPES AND DIMENSIONS

square
round
rectangular
oval
triangular
centimeter
circumference
diameter
gram
height
kilogram
kilometer
measures
meter
milimeter
weight
width

What shape is it?
It is round.
What is it used for?
It is used for making...
What are the dimensions?
What is the height of it?
It's forty-five centimeters high.
What is the width of it?
It's twenty-five centimeters wide.
How much does it weigh?
It weighs 3.5 kilograms.

ADJECTIVES

good - bad
new - old
short - long
big - small
fast - slow
light - heavy
hot - cold
cool - warm

EMPHASIZING A QUALITY

The auditorium is very big.
This reception is very clean.
This bag is too heavy.
This product is too expensive.

COMPARING THINGS

COMPARATIVES

long - longer than
cheap - cheaper than
expensive - more expensive than
efficient - more efficient than
heavy - heavier than
noisy - noisier than

SUPERLATIVES

cheap - the cheapest
small - the smallest
beautiful - the most beautiful
expensive - the most expensive
dirty - the dirtiest
ugly - the ugliest

USEFUL EXPRESSION

Let's get down to business.

15 DEALING WITH ORDERS

DEALING WITH ORDERS

available/not available
delivery
insurance charges/costs
invoice
order
order confirmation
order number
to check an invoice
to order supplies
to receive goods
to send a proof of shipment
to ship goods
to take an order over the phone
to take a credit card order
per parcel
shipper
shipping
shipping agent
shipping charges/costs
shipping instructions
Please send us the under mentioned goods.
Delivery will be made by...
Our dispatch department is processing your order.
Our order no. 12.537 has not yet been delivered.
Please confirm receipt of the order.
The goods are no longer in stock/available/out of stock.
We are pleased to acknowledge your order of January 16th.
We are pleased to place an order with you for seventy IBM computers.
We would like to cancel our order no. 654301.
We will require two weeks to process your order.

GIVING OUTDOOR DIRECTIONS

Where is the post office?
How do I get to the bank?
Is there a travel agency near here?
in front of
between
behind
next to
across from
on the corner

on the right
on the left
go down
pass the
turn right
turn left

USEFUL EXPRESSION
Thank you for your prompt reply.

16 DEALING WITH CLIENTS

DEALING WITH CLIENTS

It's nice to see you again.
Did you have a good trip?
How was your flight?
Could you speak a little more slowly?
Sorry, I don't understand.
Sorry, can you repeat that?
Sorry, I didn't hear the question.
Sorry, can I say something?
Sorry, I don't really agree.
I'd like to hear your suggestions.
Thanks for all your help.
Have a good flight back to…

GIVING ADVICE
You should put all your valuables in the hotel safe deposit box.
You shouldn't eat spicy food.
Look around before entering your car.
Don't leave anything valuable in the car.
If you go out at night, don't take valuables with you.
If you like waterfalls, go to Foz do Iguaçu.
You don't have to wear a business suit.
You don't need to attend this meeting.

ACCEPTING AND REFUSING
That sounds good.
Yes, it's OK with me.
I'm afraid I can't.
Sorry, but I can't.
Sorry, but I'm fully booked this week.

GIVING REASONS
Why is the report incomplete?
Because there is a problem with the printer, sir.

PROPOSING A BUSINESS MEETING
Why don't we meet on Tuesday?
How about on Thursday morning?
What about lunch/dinner on Wednesday?
What day is good for you?
Why don't we meet at the restaurant?

DEALING WITH HEALTH PROBLEMS

MAIN HUMAN BODY PARTS
the body
head
shoulder
chest
arm
hand
finger
belly
leg
knee
foot
feet
toe
the face
hair
eye
eyebrow
ear
nose
mouth
neck
chin

COMMON SYMPTOMS

back pain
chest pain
cold
cough
fever/temperature
headache
indigestion
sore throat
stomachache

What's the matter?
What do you feel?
How do you feel?
What are your symptoms?
What happened?

Can you get me a doctor/a dentist?
I am ill/I feel sick.
I have a headache.
My stomach is out of order.
I sprained my leg.

MEDICINE

aspirin
antacid
burn ointment
decongestant
desinfectant
digestive tablet
drops
eye drops
injection
medicated lozenges
painkiller
tablet/pill

USEFUL EXPRESSION

I'm sorry to hear that.

17 SPECIAL SERVICES

SPECIAL SERVICES

flights reservations
hotel reservations
car rental
tourism information
booking tickets service

HOTEL RESERVATIONS

I'd like to reserve a double room for three nights, please.

KINDS OF ACCOMMODATION

bed and breakfast
boarding house
bungalow
flat
hostel
hotel
inn
youth hostel

KINDS OF HOTEL ROOMS

room
standard
luxury
suite
executive suite
single room
double room
triple
quadruple
adjoining rooms
interconnecting rooms
ocean front
with bath and a shower
with a sea view
with a garden view
with a balcony

What kind of room would you like?
I'd like a single room.
Would you like a luxury room or an executive suite?

ROOM FACILITIES FOR EXECUTIVES

room office
Internet access
fast track Internet
data port access
safe deposit box

What are the room facilities for executives?
There is a room office.
Is there a fast track Internet access?
Yes, there is./No, there isn't.

BOOKING TICKETS SERVICE

to book/to reserve
advance booking
booking office
tickets available
sold out
pop concert
sporting events
soccer match
stadium
play
musical
opera
recital

TOURISM INFORMATION

brochure
excursion/tour
excursions information
meals included
sightseeing
tour guide
to book an excursion

KINDS OF EXCURSIONS

city tour
guided tour
historical tour
walking tour
customized tour
ecotourism

TOUR DURATION

daily
weekly
monthly
half day tour
departure
arrival

What kind of tours do you have?
We have the following tours...
What are we going to visit?
You are going to visit the city center.
What is the tour duration?
The tour starts at 9:00 a.m. and ends at 5:00 p.m.
It takes eight hours.
When does the bus leave?
It leaves at eight o'clock.
How much is the tour?
The tour costs one hundred and fifty reais per person.

USEFUL EXPRESSION

I'll do my best.

18 SPECIAL SERVICES II

CAR RENTAL

to book a car
to rent a car
make
daily rate
driver's license
length of rent
mileage
unlimited mileage
full coverage

TYPES AND SIZES OF CARS

economy
compact
mid-size
full size
convertible
station wagon
luxury
mini-van

CAR FACILITIES

automatic gearshift
semi-automatic gearshift
manual gearshift
air conditioning
radio/record/CD player
electric roof
air bag protection
baby car seat

I would like to rent a car.
What kind of car would you like?

I would like a compact.
For how long?
For two days/a week.
I need the car from Monday to Friday.
What is the car make?
What are the car facilities?
What are the daily rates?
What kind of insurance does it include?
Where would you like to pick up the car?
Where would you like to drop the car?

FLIGHTS RESERVATIONS

to book a flight
to make a flight reservation
to make a flight cancellation
to make a flight confirmation
to miss the flight
to book a seat
seating preference
number of passengers
check-in time

AIRLINE TICKETS

airline company
flight ticket
flight fare
departure date
arrival date
time of flight
return trip
one way
direct/non-stop flight
first class
executive class
economy class

I'd like to book a return flight to Manaus on May 8th.
I'd like to confirm my flight.
When is the next flight to Manaus?
How much is a return flight to Rio?
Are there direct flights to Recife?

MAILING SERVICES

address
addressee
free shipping
mail
package
(to) post/mail
postage
postcard
post free
postage paid
postal charges
postal order
ZIP/postcode
sender
stamp

USEFUL EXPRESSION

I'll check availability.

19 ACTIONS IN THE PAST

ACTIONS IN THE PAST

REGULAR VERBS

to ask - asked
to answer - answered
to cancel - cancelled
to stay - stayed
to wait - waited
to talk - talked
to introduce - introduced
to order - ordered
to want - wanted

Affirmative: He worked yesterday.
Negative: He didn't work yesterday.
Interrogative: Did he work yesterday?

SHORT ANSWERS

Did you arrive last night?
Yes, I did./No, I didn't.

Did they stay at the hotel in Fortaleza?
Yes, they did./No they didn't.

IRREGULAR VERBS

to be - was/were
to bring - brought
to buy - bought
to come - came
to do - did

to drive - drove
to give - gave
to go - went
to have - had
to leave - left

to meet - met
to pay - paid
to take - took
to say - said
to write - wrote

Affirmative: I went to the conference yesterday morning.
Negative: The salesmen didn't go to the office last week.
Interrogative: Did the personnel manager introduce the new trainees?

USEFUL EXPRESSION

Sorry, could you say that again, please?

20 PERSONAL DETAILS

PERSONAL DETAILS

PERSONALITY TRAITS

agressive
ambitious
calm
creative
diplomatic
efficient
energetic
friendly

good with figures
good with words
hard-working
helpful
kind
nervous
organized
outgoing

patient
persuasive
practical
proud
punctual
reliable
sensible
sensitive

PHYSICAL APPEARANCE

tall
short
medium height
fat
thin

slim
blond/blonde
dark
brunette
redhead

gray-haired
bald
beard
mustache

What's she like?
She is sensitive and patient.
What's he like?
He's calm and reliable.
What color is her hair?
What color are his eyes?

AGE

How old are you?
I'm thirty years old.

How old is he?
He is forty years old.

MORE ACTIONS IN THE PAST

Affirmative: The operators were very busy last month.
The sales manager was in the lobby five minutes ago.
Negative: He wasn't in the reception last week.
The accountants weren't in the office yesterday morning.
Interrogative: Were you at the party last week?
Was the manager in his office yesterday?

SHORT ANSWERS
Were you in the office yesterday?
Yes, I was./No, I wasn't.

TALKING ABOUT THE WEATHER
sun
rain
wind
cloud
snow
sunny
rainy
windy
cloudy
hot - very hot - too hot
cold - very cold - too cold
dry - very dry - too dry
wet - very wet - too wet

USEFUL EXPRESSION
When do you need it by?

21 GETTING A JOB

GETTING A JOB
to apply
applicant/candidate
interview
job advertisement
job application
position
preview jobs
qualifications
references
resumé
work experience
working hours

THE JOB INTERVIEW
Tell me about yourself.
I was born in...
Tell me about your background.
I studied at...
I graduated in...
I did my MA in...
Do you have any experience with...?
Do you have any... skills?
I gained a lot of experience with...
Why did you leave your job at...?
I felt that...
What sort of salary were you looking at?
What do you like doing?
I like/I enjoy...
The position requires...
How soon can you start?
I can start right away.

ASKING ABOUT ABILITIES
Can you use a computer?
Yes, I can./No, I can't.
Can you speak Spanish?
Yes, I can./No, I can't.

USEFUL EXPRESSION
Thank you for coming.

22 ENTERTAINING CLIENTS

ENTERTAINING CLIENTS

MEALS
breakfast
lunch
dinner

BREAKFAST
coffee
tea
hot chocolate
milk
juice
bread
butter
eggs
cereal
cheese
cold cuts
fruit
cake

TABLEWARE

fork
knife
spoon
plate
saucer
cup
glass

FRUIT

apple
avocado
grapes
peach
lemon
pear
orange
bananas
watermelon
melon
pineapple

SNACKS

hot dog
hamburger
pizza
French fries
salad
sandwich

AT THE RESTAURANT

THE RESTAURANT STAFF

chef
cook
head waiter
sommelier
waiter
waitress

THE MENU

aperitifs/cocktails
appetizers and openers
soups
salads
main course
side orders
desserts
beverages

BEVERAGES

mineral still water
sparkling water
milkshake
tonic water
fruit juice
soda
beer
draft beer
white wine
red wine
rosé wine
whisky
vodka
liqueur

Can I get you something to drink?
Yes, please. I'd like a glass of red wine.
No, thanks. I'm fine.
Would you like another drink?
Would you like to order a drink?
What would you like to drink?

ASKING FOR THE CHECK

Can I have the check, please?
How would you like to pay, madam?
I'd like to pay by credit card.

USEFUL EXPRESSION

What would you like?

REFERÊNCIAS BIBLIOGRÁFICAS

Cambridge Dictionary of American English. Cambridge, UK, Cambridge University Press, 2000.

Cotton, David; Falvey, David & Kent, Simon. *Market Leader*. Harlow, UK, Pearson Education, 2000.

English Language Dictionary. London, UK, Collins Cobuild, 1990.

Grant, David; McLarty, Robert. *Business Basics*. Oxford, UK, Oxford University Press, 2003.

Helgesen, Marc & Adams, Keith. *Office File*. Harlow, UK, Pearson Education, 1999.

Hopkins, Andy & Potter, Jocelyn. *Work in Progress*. Harlow, UK, Pearson Education, 2001.

Horner, David; Strutt, Peter. *Words at Work*. Cambridge, UK, Cambridge University Press, 1999.

J.C. Wells. *Pronunciation Dictionary*. Harlow, UK, Longman, 1990.

Jones, Leo & Alexander, Richard. *New International Business English*. Cambridge, UK, Cambridge University Press, 2003.

Longman Dictionary of Contemporary English. Harlow, UK, Longman/Pearson Education, 1995.

MacMillan Contemporary Dictionary. New York, USA, MacMillan Publishing Co. Inc., 1979.

O'Driscoll, Nina & Scott-Barrett, Fiona. *Challenges*. Harlow, UK, Longman Group Limited, 1999.

Oxford Dictionary of Business English. Oxford, UK, Oxford University Press,1996.

Schofield, James. *Double Dealing*. Oxford, UK, Summertown Publishing, 2004.

Watson-Delestrée, Anne & Hill, Jimie. *The Working Week*. London, UK, Language Teaching Publications, 1999.

Túlio Lima Carneiro

Este livro foi composto na fonte Futura Lt BT e teve sua 1ª reimpressão em abril de 2007 pela Prol Gráfica Ltda., sobre papel printmax 90g/m^2.